HEILENDE ENERGIE DER BÄUME

Patrice Bouchardon

HEILENDE ENERGIE DER BÄUME

Urania Verlags AG

A GAIA ORIGINAL

Redaktion	Katherine Pate
Design	Lucy Guenot
Produktion	Lyn Kirby
Redaktionsleitung	Pip Morgan
Leitung	Joss Pearson, Patrick Nugent

Wichtiger Hinweis
Autor und Verlag übernehmen keine Haftung für die Methoden, Ideen und Empfehlungen in diesem Buch. Beachten Sie stets die Warnhinweise, und konsultieren Sie einen Arzt, wenn Sie krank sind.

1. Auflage 1999

ISBN 3-908652-02-2

Titel der Originalausgabe: „The Healing Energies of Trees“, Gaia Books Limited, London

Übersetzt aus dem Englischen von Martin Rometsch
Cover: Gerd Aumann Kreativ Design, D-65207 Wiesbaden, unter Verwendung des englischen Originals von Gaia Books Limited, London
Satz: Fotosatz Amann, D-88317 Aichstetten

Printed in Italy

Für Sylvie, Nils und Iona

Danksagung des Autors

Das Buch ist vollendet, und meine Gedanken wenden sich allen Menschen zu, die an meinen Workshops teilgenommen haben. Ihnen danke ich vor allem für das Funkeln in ihren Augen, das ich sah, wenn ihnen plötzlich etwas klar wurde, was auch die Seele bewegte. Für mich sind das wortlose Ermutigungen; denn nichts motiviert mich mehr als die Beobachtung, daß ein Mensch erwacht und sich selbst erkennt.

Ich bin allen dankbar, die an diesem Abenteuer teilgenommen haben und mit so viel Hingabe und Großzügigkeit meine Seminare organisiert haben, vor allem Monique Fonjallaz, Lieve Bonne sowie Heidi und Francis Giradet, die mich in ihrer Praxis willkommen hießen und mir halfen, meine Fertigkeiten als Therapeut zu verbessern. Mein besonderer Dank gilt Lieve, die mich immer wieder angeregt und überrascht hat.

Dies ist mein erstes Buch, und ich glaube, es war ein Glück für mich, daß ich mit dem Team von Gaia zusammenarbeiten durfte. Obwohl wir nicht immer einer Meinung waren, hatten sie immer Verständnis. Ich danke Eleanor Lines, die mit mir Verbindung aufnahm und mir half, das Buch zu skizzieren, und Pip Morgan, deren Verständnis für mein Anliegen dem Projekt neues Leben eingehaucht hat. Katherine Pate danke ich dafür, daß sie dem Buch eine klare Struktur gegeben und beim Lektorieren meine Vorstellungen respektiert hat. Lucy Guenot half mir mit ihrem Sinn für Harmonie und Schönheit, aber auch mit ihrem Verständnis für das Thema (abgesehen von der Spirale des Bewußtseins!). Den Mitarbeitern von Gaia Books Ltd. danke ich für ihre Fachkunde, die der Qualität des Buches zugute kam und zu seinem Erfolg beitragen wird.

Um ein Buch in einer Sprache zu schreiben, die nicht meine eigene ist, brauchte ich die Hilfe von Helen Caradon. Ich schätze ihr Talent als Übersetzerin und danke ihr dafür, daß sie bereit war zu arbeiten, wann immer ich sie brauchte. Ihre Ansichten und Kommentare zu diesem Buch waren oft sehr wertvoll.

Inhalt

Einführung 8
Persönliche Bemerkung 14

Kapitel 1
Was die Natur für uns bedeutet 16

Kapitel 2
Der Heilprozeß 38

Kapitel 3
Bäume sind mehr als Schattenspender 62

Kapitel 4
Die heilenden Energien 88

Kapitel 5
Heilen mit Baumenergien 130

Nachwort 155
Quellen 156
Register 157

Einführung

Schon als kleines Kind fühlte ich mich zu Bäumen hingezogen. Wenn ich Bäume betrachtete, hielten sie meinen Blick oft lange fest und lösten eine Art Wachtraum aus. Ihre Kraft und Schönheit hatten etwas Rätselhaftes an sich, das mich im Inneren tief berührte. Ich wollte Bäume näher kennenlernen, und es schien mir selbstverständlich, daß ich mit ihnen sprechen konnte, daß sie eine Tür zu einem Königreich waren. Doch ich fand keinen Lehrer, der verstand, was ich lernen wollte, und darum schwand mein Interesse an den Bäumen.

Viele Jahre später wurden meine Frau Sylvie und ich gebeten, uns um einen Bauernhof zu kümmern, während die Eigentümer Urlaub machten. Innerhalb von drei Tagen tauschten wir unser Stadtleben gegen das Leben von Bauern ein und betreuten hundertfünfzig Tiere: Kühe, Ziegen und Schafe.

Zwar hatten wir kaum eine Ahnung von dieser Arbeit, aber gerade diese Unwissenheit bot uns eine Chance, echtes Wissen zu erwerben. Wenn wir Schwierigkeiten mit einem Tier hatten, sahen wir ihm einfach in die Augen und versuchten, mit ihm auf subtile Weise und ohne Worte zu kommunizieren.

Mit der Zeit fühlten wir uns ruhiger und freier, so daß wir den Tieren öfter und besser zuhören konnten. Bald verließen wir uns bei unserer Arbeit ganz auf diese enge Beziehung. Heute, mehr als zwölf Jahre später, betrachte ich diese Zeit als Wendepunkt. Wir waren gezwungen, unseren Blickwinkel zu ändern, und das eröffnete mir neue Perspektiven.

Von da an wußte ich, daß ich meine Ideen auch in anderen Lebensbereichen verwirklichen kann, und deshalb versuchte ich, mit Bäumen so umzugehen, wie wir mit den Tieren umgegangen waren.

Als wir den Bauernhof verlassen hatten, lebten wir mitten in Frankreich in einer einfachen Berghütte tief im Wald. Wenn wir hinausgingen, umgaben uns Tausende von Hektar Wald. Es gab keine Straßen, keine Gebäude, keine Wanderer. Die Bäume dort schienen auf uns zu warten, um uns ihre Geheimnisse zu enthüllen. Sie streckten uns die Arme entgegen, und wir brauchten nur hinzugehen.

Aber wie unterhält man sich mit einem Baum? Er steht unbeweglich vor uns in all seiner Einfachheit und Macht, scheinbar gleichgültig. Anfangs konnten wir die Bäume nur anschauen. Später begannen wir, alle Sinne zu nutzen: Wir berührten die Bäume, wir rochen sie, wir kosteten die Knospen und den Saft. Wir legten ein Ohr an den Stamm, um uns davon zu überzeugen, daß alles so ruhig war, wie wir es erwartet hatten - und zu unserer Überraschung hörten wir Geräusche. Wir wurden oft überrascht. Was wir für bitter hielten, stellte sich als honigsüß heraus; was wir für süß hielten, war in Wirklichkeit sauer; was wir für starr hielten, erwies sich als geschmeidig. Um die Wahrheit über den Baum zu erfahren, mußten wir das, was vor unserer Nase stand, vorbehaltlos akzeptieren. Nur durch dieses schmale Tor gelangten wir auf den Weg, der zu wichtigen Entdeckungen und Einsichten führte.

Wir mußten lernen, unseren Erwartungen zu mißtrauen. Wenn man eine interessante Erfahrung gemacht hat, möchte man sie wiederholen - aber dann bleibt wenig Raum für neue Entdeckungen. In der nächsten Phase unserer Experimente setzten wir uns mit dem Rücken an die Bäume und fühlten uns zwischen der rauhen Rinde und den ausladenden Wurzeln bisweilen wie in einem Lehnstuhl.

Unsere körperlichen Empfindungen veränderten sich, und wenn wir von einem Baum zum anderen gingen, konnten wir unseren körperlichen Zustand und unsere Energie

beeinflussen - der Atemrhythmus änderte sich, Schmerzen verschwanden, die Verdauung wurde besser.

Außerdem registrierten wir die Wirkung der Bäume auf unseren inneren Zustand. Wir gingen niedergeschlagen zu einem wilden Kirschbaum und verließen ihn erquickt. Wir besuchten erschöpft eine Kiefer und gingen voller Energie nach Hause. Von Zweifeln geplagt, lehnten wir uns an eine Birke und verabschiedeten uns mit ruhigem Herzen.

Diese Wirkungen waren nicht nur vorübergehend. Sie hielten viel länger an, als wir erwartet hatten, und nach einiger Zeit waren wir imstande, sie uns zunutze zu machen.

Wir mußten alle Überraschungen verarbeiten, die unsere Experimente mit sich brachten. Die beobachtete Wirkung kam nicht vom Baum, sondern der Kontakt mit dem Baum harmonisierte unser Energiefeld und sein eigenes, und die Wirkungen waren die Folge dieser Begegnung.

Wir erkannten, daß jeder Baum eine bestimmte Energie enthält und daß diese Energie von Art zu Art verschieden ist. Manche Bäume fördern den Wandel, andere die Sanftheit oder die Offenheit.

Seit über zehn Jahren stellen wir Baumöle her, die Qualitäten von Bäumen enthalten. Sie sind eine wundervolle Hilfe für Menschen, die bereit sind, aus ihren Problemen und den damit verbundenen Erfahrungen zu lernen.

Dieses Buch lädt Sie ein, die heilende Energie der Bäume kennenzulernen. Es zählt keine Fakten über Bäume auf, sondern stellt Methoden und Übungen vor, die Sie anwenden können, um eigene Erfahrungen zu machen. Die Erfahrung ist die beste Lehrmeisterin, die Tür, durch die wir allmählich die Wahrheit über uns und die Welt herausfinden können. Welche Früchte Ihnen Ihre Erfahrungen bringen, hängt davon ab, wie Sie diese Übungen nutzen.

Persönliche Bemerkung

Wenn ich mit Gruppen und Individuen im Wald arbeite, versuche ich vor allem, sie unabhängiger zu machen, damit sie starre Denkmuster überwinden und mit der Kraft Kontakt aufnehmen, der Mensch und Natur ihr Leben verdanken.

Die Übungen in diesem Buch helfen Ihnen bei Ihrer persönlichen Entwicklung. Doch selbst wenn Sie die Anleitungen genau befolgen, machen Sie möglicherweise ganz andere Erfahrungen, als Sie erwartet haben. Anstatt nach dem Grund zu fragen, sollten Sie herausfinden, welchen Teil Ihres Ichs die Erfahrung angeht und was Sie gefühlt, erkannt oder verstanden haben. Die wichtigste Regel lautet: Konzentrieren Sie sich auf das, was Sie wirklich erlebt haben, und die einzige nützliche Frage ist: Wie war es?

Seien Sie aufgeschlossen gegenüber jeder Übung. Je mehr Sie erwarten, desto mehr sperren Sie sich gegen das, was tatsächlich geschieht. Darum ist es am besten, gar nichts zu erwarten. Lassen Sie sich auch nicht von Enttäuschungen beirren: „Ich habe nicht den richtigen Baum gefunden" oder „Das Klima hier eignet sich nicht für solche Erfahrungen." Bleiben Sie in der Gegenwart, und folgen Sie Ihrer Neugier auf das, was in Ihnen und in Ihrer Umgebung vorgeht. Nur in der Gegenwart kann sich Neues ereignen.

Ich habe Bäume intuitiv und auf der feinstofflichen Ebene beobachtet. Nicht botanische Einzelheiten, sondern Qualitäten sind entscheidend. Darum spreche ich von „Bäumen", nicht von bestimmten Arten, und darum sind die Übungen überall auf der Welt anwendbar, überall, wo es Bäume gibt: im Wald, in einem Hain oder in einem Gar-

ten. Wir alle können neue Schätze entdecken und mehr über uns selbst erfahren, wenn uns bewußt wird, wie eng wir mit der Natur verbunden sind.

Kapitel 1 befaßt sich mit diesem Band zwischen Mensch und Natur, das im Laufe der Zeit lockerer geworden ist. Kapitel 2 stellt einen Zusammenhang zwischen unserer Einstellung zur Natur und unserer Anfälligkeit für Krankheiten her – beides spiegelt die Tiefe unserer Erkenntnis wider. Ich erläutere die feinstoffliche Natur des Körpers, so daß Sie Krankheit und Heilung als energetische Vorgänge verstehen und mit der Energie der Bäume die Selbstheilung unterstützen können. Die Übungen in Kapitel 3 helfen Ihnen, Bäume besser zu verstehen und ihre heilenden Kräfte zu entdecken. In Kapitel 4 beschreibe ich die Eigenschaften der neun Bäume, aus denen ich belebende und heilende Öle herstelle. In Kapitel 5 finden Sie Übungen und Methoden, die das Wohlbefinden des Körpers, der Seele und des Geistes fördern.

Machen Sie einen Spaziergang ins Herz eines Waldes. Stimmen Sie sich auf die Atmosphäre und die Fülle des Lebens ein, und Sie entdecken eine Quelle des Friedens und der Gelassenheit. Dieses wunderbare Erlebnis öffnet Ihr eigenes Herz und hilft Ihnen, sich selbst besser zu verstehen und Ihre wahre Kraft zu erschließen. Wenn Sie das Reich der Bäume betreten, sind Sie mit der Lebenskraft verbunden, die uns und unsere Umwelt erfüllt.

Patrice Bouchardon

Kapitel 1

Was die Natur für uns bedeutet

Der Baum und die Blume werden am häufigsten als Sinnbilder der Natur benutzt. Die Blume stellt die gezähmte Natur da, die dem Menschen nutzbar ist: Man kann sie anpflanzen, abschneiden, ins Haus bringen und bei besonders fröhlichen oder traurigen Anlässen verschenken. Ihre Schönheit ist faszinierend, aber kurzlebig. Der Baum ist dagegen das Symbol des Waldes, wo die Natur noch nicht gezähmt oder noch nicht vom Menschen verwüstet ist.

Bäume sind ein lebenswichtiger Teil unseres Erbes. Die Beschreibungen der Natur in der Literatur und in der Philosophie zeigen, daß große Denker sowohl Initiatoren als auch Zeugen jenes langsamen Prozesses der Evolution sind, der den Menschen vom magischen zum mechanischen Naturverständnis geführt hat. Seit uralten Zeiten ist der Baum ein Symbol der Macht, der Weisheit, der Fruchtbarkeit und des Lebens. Vielleicht ist die Universalität dieser Symbole ein Indiz dafür, daß wir mit den Bäumen auf einer tieferen Ebene verbunden sind, als wir es uns bisher vorgestellt haben.

der endlosen Erneuerung ist zugleich ein Symbol der Fruchtbarkeit. In Teilen des Nahen Ostens - vom Mittelmeer bis Indien - begegnen Reisende bisweilen einem einsamen Baum an einer Quelle, an dessen Ästen zahllose rote Taschentücher hängen. Sie stammen von unfruchtbaren Frauen, die auf eine Wende des Schicksals hoffen. Die Drawiden in Südindien „verheiraten" zwei Bäume. Braut und Bräutigam pflanzen einen männlichen und einen weiblichen Baum nebeneinander und schützen beide mit einem Zaun, damit sie gedeihen und ihre Fruchtbarkeit auf das Paar ausstrahlen. Bei den Sioux in Nordamerika und bei den Buschmännern und Hottentotten in Südwestafrika werden ein Mann und eine Frau, die heiraten wollen, zuerst mit einem Baum verlobt, meist mit einem Baum, der Früchte trägt, damit das Paar von seiner Fülle profitiert. Die Waramunga in Nordaustralien glauben, daß in bestimmten Bäumen der Geist eines Kindes wohnt, winzig wie ein Sandkorn, und durch den Nabel in den Schoß einer Frau eindringt. In Hildesheim schlägt man Frauen in der Fastnacht mit Fichtenzweigen, damit sie Kinder bekommen.

„Setzet entweder einen guten Baum, so wird die Frucht gut; oder setzet einen faulen Baum, so wird die Frucht faul. Denn an der Frucht erkennt man den Baum."

Matthäus 12:33

Der Baum der Erkenntnis

Bäume werden oft mit Weisheit in Verbindung gebracht. Der heilige Ludwig, im 13. Jahrhundert König von Frankreich und für seine Tugend berühmt, sprach unter einer Eiche Recht. In vielen afrikanischen Dörfern gilt ein bestimmter Baum als „sprechender Baum", unter dem die Ältesten sich versammeln, um Angelegenheiten der Gemeinschaft zu erörtern. Weisheit setzt Wissen um Gut und Böse voraus, und darum wurde der Baum auch zum Symbol des Friedens. Als die Irokesen in Nordamerika noch in Anarchie lebten, kam ein Mann namens Friedensstifter zu ihnen. Er brachte alle Häuptlinge der verfeindeten Stämme am Ufer des Sees Onondaga zusammen. Nach langem Palaver einigten die fünf Stämme sich darauf, künftig ein Volk zu sein.

Bäume in uns

Im menschlichen Körper gibt es Strukturen, die einem Baum gleichen.

Das Blut fließt aus dem Herzen (der Wurzel) in die Arterien, die in feinen Zweigen, den Kapillaren, enden. Die Luft strömt zunächst in die Nase, dann in die Bronchien, die sich verzweigen und in zahlreichen Alveolen enden.

Das Gehirn und das Rückenmark senden ihre Signale durch große Nerven und deren Äste in alle Teile des Körpers.

Und alle Ströme fließen zurück zu ihrem Ausgangspunkt, so wie die Lebenskraft aus den feinsten Wurzeln und den fernsten Zweigen in den Stamm zurückkehrt.

❷ ***Wenn eine Situation Gefühle auslöst, neigen wir zu gewohnten Rektionen. Solche starren Reaktionen bilden den Stamm unseres Verhaltensmusters.***

❶ ***Auch seelische und geistige Prozesse lassen sich graphisch als Baum darstellen. Ein Gefühl wird immer von einem Ereignis oder einer Erfahrung ausgelöst; seine wahre Ursache ist jedoch in den meisten Fällen im Unbewußten verborgen, so wie die Baumwurzeln in der Erde verborgen sind.***

❸ Gefühle veranlassen uns, Entscheidungen zu treffen: die Äste, die sich verzweigen.

❹ Wenn wir Entscheidungen in die Tat umsetzen, tragen sie süße oder saure Früchte.

❺ Nach einer Weile, wenn wir das Problem für gelöst halten, taucht es erneut auf, vielleicht in einer anderen Gestalt, aber immer noch erkennbar. Auch die Samen des Baumes ruhen einige Zeit in der Erde und erscheinen später in Gestalt eines anderen Baumes oder Sämlings wieder. Dieser ist zwar keine Kopie des Originals, aber nahe mit ihm verwandt.

Die Alveolen der Lungen (rechts) und die Blutgefäße des Herzens (Bild im Hintergrund) ähneln einem Baum.

Die Folgen der Zerstörung

Der Materialismus kümmerte sich nicht um die Seele der Natur, sondern suchte die gewaltigen natürlichen Schätze auszubeuten. Im 19. Jahrhundert galt das Roden von Wäldern als lokales Problem zwischen Kolonisten und Einheimischen – aber man kann es auch als Kampf zwischen dem materiellen und dem spirituellen Naturverständnis ansehen.

Dieser Kampf ist heute noch in vollem Gange. Profitgier bedroht sämtliche Wälder der Erde. Jedes Jahr werden 17 Millionen Hektar Wald gefällt oder abgebrannt – eine Fläche, die viermal so groß ist wie die Schweiz. Der Wald am Amazonas wird in derartigem Umfang verbrannt, daß der Rauch noch in mehreren Kilometern Höhe zu sehen ist. Bei der Verbrennung entsteht Kohlendioxid, das den Treibhauseffekt verstärkt, also das Klima verändert und den Planeten aufheizt.

Bäume schützen
uns morgen

Motto eines Programms zum Schutz der Bäume in Nebraska

Die Abholzung ist eine große Gefahr für das Ökosystem der Erde. Pflanzen- und Tierarten sterben aus, Ackerboden erodiert und das örtliche und globale Klima wird extremer. Die Wälder sind die Lungen unseres Planeten; sie absorbieren Kohlendioxid und geben Sauerstoff ab. Die lokale Zerstörung hat also weltweite Folgen: Wir alle leiden darunter, daß Wälder vernichtet und vergiftet werden.

Versöhnung

Heute machen wir uns große Sorgen über einige Aspekte des Materialismus und über die Trennung von der Natur, weil beides unser Leben beeinflußt. Die Nahrungsmittelindustrie produziert Speisen, die ihren natürlichen Geschmack verloren haben; die Medikamente, die wir einnehmen, haben gefährliche Nebenwirkungen; und die Ausbreitung der Großstädte schneidet uns vom Land ab. Darum wächst unsere Sehnsucht nach dem Echten, Authentischen, Natürlichen,

und immer mehr Menschen begreifen, wie wichtig die Nähe zur Natur für unser Wohlbefinden ist.

Die neue Technik ermöglicht es den Wohlhabenden in den Industrieländern, an einem beliebigen Ort zu arbeiten, und darum wollen viele Städter in ländliche Gebiete umziehen. Das Interesse an traditionellen Heilweisen, die den Platz des Menschen in der Natur nicht aus dem Auge verloren haben, nimmt zu. Viele Menschen nutzen die chinesische, tibetische oder ayurvedische Medizin, und viele Konsumenten verlangen Produkte aus biologischem Anbau. Der moderne Mensch will den Urlaub im Freien und in fernen Ländern verbringen - er befährt tropische Ströme mit dem Floß, beobachtet Vögel in Nordeuropa oder macht eine Tour durch die Wüste.

Der Wunsch, in eine natürliche Umwelt zurückzukehren, hat inzwischen auch Auswirkungen auf die Politik. Umweltgruppen und „grüne" politische Parteien sind so einflußreich geworden, daß kein Politiker sie ignorieren kann.

Die neuseeländische Regierung gibt den Maoris Land zurück und belegt Grundstücke, die sie nicht mehr zurückgeben kann, mit einer Sondersteuer. Mit den Einnahmen werden Kulturzentren und Schulen finanziert, die den Maori helfen sollen, wieder ihre Wurzeln zu finden. In Australien hat die Regierung einen Rat für die Versöhnung mit den Ureinwohnern gegründet, dessen Ziel es ist, „ein vereintes Australien [zu schaffen], das unser Land achtet, das Erbe der Ureinwohner schätzt und Frieden und Gleichheit für alle gewährleistet". Der Rat soll „die Einzigartigkeit der australischen Ureinwohner als die ursprünglichen Siedler auf diesem Kontinent" bekräftigen. Eine ähnliche Entwicklung gibt es in Kanada, wo die Regierung die Inuit (Eskimos) offiziell anerkannte und eine Stiftung für gegenseitigen Respekt einrichtete.

Zurück zur Natur

Wir sind so an den Anblick von Bäumen gewöhnt, daß sie für uns etwas Selbstverständliches sind - bis der Wald krank wird. Jeder, der beispielsweise den Verfall der Bäume im Schwarzwald beobachtet, stellt sich früher oder später die Frage, welche Schäden die Umweltverschmutzung in Zukunft noch anrichten wird.

Die kahlen Bäume spiegeln unsere Einstellung zum Leben auf diesem Planeten wider, und gesunde Bäume erinnern uns an den Reichtum der Natur.

Im Wald finden wir immer noch Frieden, Ruhe und Schönheit - und wir brauchen diese Qualitäten als Ausgleich für den Streß unseres Alltags.

Unsere westliche „Supermarkt-Lebensweise" läßt uns bisweilen vergessen, daß die natürliche Welt die Quelle alles Lebens auf Erden ist. Sie liefert uns Nahrung, Kleider, Arzneien, Baumaterial, Brennstoff und Grundsubstanzen für Tausende von Dingen, die wir täglich brauchen. Und sie hat immer noch Geheimnisse.

Wir erben die Welt nicht von unseren Eltern, sondern borgen sie von unseren Kindern.

Indianisches Sprichwort

Die Natur hält noch ein wertvolles Geschenk für uns bereit: einen idealen Platz für unseren Körper und unsere Seele.

Wie könnten wir überleben, wenn die Temperaturschwankungen extrem wären, wenn die Sonne ununterbrochen oder gar nicht mehr schiene, wenn alle Bäume stürben?

Das Abholzen der Wälder ist das tragische Symbol des ökologischen Schadens, der unsere Zukunft bedroht. Das geht nicht nur die brasilianischen Indianer an, sondern auch uns.

Wenn Sie den Kontakt mit den Bäumen lieben lernen, wird die fortschreitende Vernichtung der Wälder Sie bestimmt erschüttern. Bäume erinnern uns daran, daß wir das Rätsel des Lebens noch nicht gelöst haben und daß wir das Leben erst respektieren müssen, bevor wir es besser verstehen können.

Einstellungen zur Natur

Wir alle haben unsere eigene Beziehung zur Natur und zu den Bäumen. Die sieben häufigsten Standpunkte werden nachfolgend beschrieben.

In Kapitel 2 erfahren Sie, daß Ihre Einstellung zur Krankheit und zur Natur Ihre Einstellung zum Leben widerspiegelt - aber auch die Entwicklungsstufe, auf der Sie sich befinden.

❶ DER „BAUER“

Für den Bauern ist die Natur eine Produktionsquelle, die es auszubeuten gilt. Pflanzen und Tiere sind „etwas anderes“ als er, er beschränkt den Kontakt mit ihnen auf das Notwendige.

„Echte Bäume sind ein erneuerbarer, wiederverwertbarer Schatz der Natur. Künstliche Bäume enthalten Plastik und Metall, das nicht biologisch abbaubar ist.“
(Die amerikanische Christbaumgesellschaft)

Der echte Baum ist hier zwar ein ökologisches Objekt, aber im Grunde nur ein Rohstoff.

❷ DER „BIOLOGE“

Der Biologe fühlt sich mit dem Baum nicht unmittelbar verbunden, will aber wissen, „wie er funktioniert“ - wo er wächst, wie er sich fortpflanzt usw. Der Baum und das Lebewesen sind Mechanismen, die man in ihre Bestandteile zerlegen kann. Dies ist das klassische mechanistische Naturverständnis.

„... eine starke Abnahme der Weltbevölkerung ... ist die einzige Möglichkeit, die Armut zu beseitigen und ökologische Katastrophen aufzuhalten, z. B. den Treibhauseffekt und die Zerstörung des Regenwaldes und damit des Lebensraumes für bedrohte Pflanzen und Tiere.“
(May Drake, englischer Lehrer, Visions of a Better World)

❸ DER „ROMANTIKER“

Der Romantiker sieht, daß der Mensch der Natur Leiden zufügt, und er leidet mit. Für ihn ist die Natur schön und rein, und der Mensch ist ein Zerstörer. In der Natur findet der Romantiker die ersehnte Zuflucht.

„Also ging ich langsam weiter und suchte nach einem wilden Ort im Wald, einem unberührten Platz ohne Anzeichen jener Sklaverei, welche die Herrschaft des Menschen erzeugt, nach einem verborgenen Ort, an dem ich glauben konnte, ihn als erster zu betreten.“
(Jean-Jacques Rousseau)

❹ Die „Gärtnerin“

Die Gärtnerin hat eine freundschaftliche, unkomplizierte Beziehung zu Pflanzen und Bäumen. Wenn sie bei ihnen ist, hat sie das Gefühl, unter alten Freunden zu sein. Sie schwelgt in der Schönheit der Natur, ohne jedoch ihre eigenen Gefühle auf sie zu projizieren. Ihre Liebe ist unsentimental. Oft handelt es sich um eine echte Gärtnerin, die mit Pflanzen umgehen kann.

„Ich möchte eine grüne Natur haben - mit grünem Gras, vielen Blumen und Bäumen mit Vögeln. Ich liebe den sanften, erfrischenden Wind in den Bäumen.“
(Godelieve Uwinama, Studentin, Ruanda, Visions of a Better World)

❺ Die „Schamanin“

Die Schamanin geht hinaus in die Natur, um Energie zu schöpfen, ohne zu wissen, wie das geht. Tief im Inneren spürt sie - ohne zu wissen, warum -, daß der Wald lebendig ist. Sie hat oft überwältigende Erlebnisse; sie spricht mit den Bäumen und hört ihre Antwort; sie sieht Dinge, die andere nicht sehen. Oft umarmt sie einen Baum, um ihre Seele zu trösten.

„Jeder Pfad und jeder Weg hat seine eigene Sensibilität und seine eigene übersinnliche Existenz, geformt vom Unbewußten jener, die ihn gemacht haben und benutzen. Darum haben manche alten Straßen eine starke feinstoffliche Persönlichkeit und können bestimmte Seinszustände hervorrufen. Sie machen uns aufgeschlossen für den Geist des Ortes und seine Inspiration.“
(Nathalie und Michel Vogt, La foret du Rhin secrète et légendaire)

❻ Der „Ökologe“

Dank seiner Bewußtheit versteht der Ökologe die Bäume und die Natur. Sein Wissen ist nicht das Ergebnis eines geistigen oder intellektuellen Prozesses, sondern einer tiefen inneren Erfahrung. Er weiß, daß der Baum mehr ist, als er zu sein scheint. Für ihn ist die Natur eine unerschöpfliche Quelle der Schönheit und der Ekstase.

„Ich stelle mir eine Welt vor, in welcher der Mensch eingesehen hat, daß er nicht der Eigentümer der Natur ist, sondern ein Teil von ihr. Die Harmonie zwischen dem Menschen und der Natur ist Voraussetzung für das Leben auf diesem Planeten.“
(Emanuel, Sänger, Mexiko, Visions of a Better World)

❼ Der „Mystiker“

Der Mystiker versteht, was er und der Baum gemeinsam haben. Für ihn ist der Baum ein transzendentes Geschöpf, und der Kontakt mit Bäumen ermöglicht es ihm, sich mit dem Göttlichen in seinem Inneren zu verbinden. Er weiß, daß das Schicksal des Menschen und der Natur nicht nur zusammenhängen, sondern dasselbe sind.

„Meine Worte sind unlösbar verbunden
Mit den großen Bergen,
Mit den großen Felsen,
Mit den großen Bäumen,
Vereint mit meinem Leib
und mit meinem Herzen.“
(Gebet der Yakuts-Indianer)

Diese Kategorien sind natürlich nicht starr, und die genannten Standpunkte können sich verändern und ineinander übergehen.

Sie können in gleichen Situationen einmal als Bauer und ein anderes Mal als Romantiker reagieren. In jeder Gruppe gibt es Höhen und Tiefen.

Der „Bauer“, für den ein Baum nur ein Rohstoff ist, kann das Holz auf verschiedene Weise verwenden: Er kann es verkaufen, einen schönen Schrank daraus machen oder es großzügig mit anderen teilen.

Auf jeder Ebene gibt es zwei Pole, die für extreme Einstellungen stehen. Wenn wir uns weiterentwickeln und eine höhere Bewußtseinsebene erreichen wollen, müssen wir jede Ebene von einem Pol zum anderen durchqueren.

Meist entwickeln wir uns langsam von einem Pol zum anderen. Der Übergang zu einer anderen Ebene bedeutet dagegen oft einen plötzlichen Bruch mit alten Denkmustern. Wer vom „Bauern“ zum „Biologen“ wird, fühlt sich beispielsweise von der Idee abgestoßen, die Schätze der Natur rücksichtslos auszubeuten.

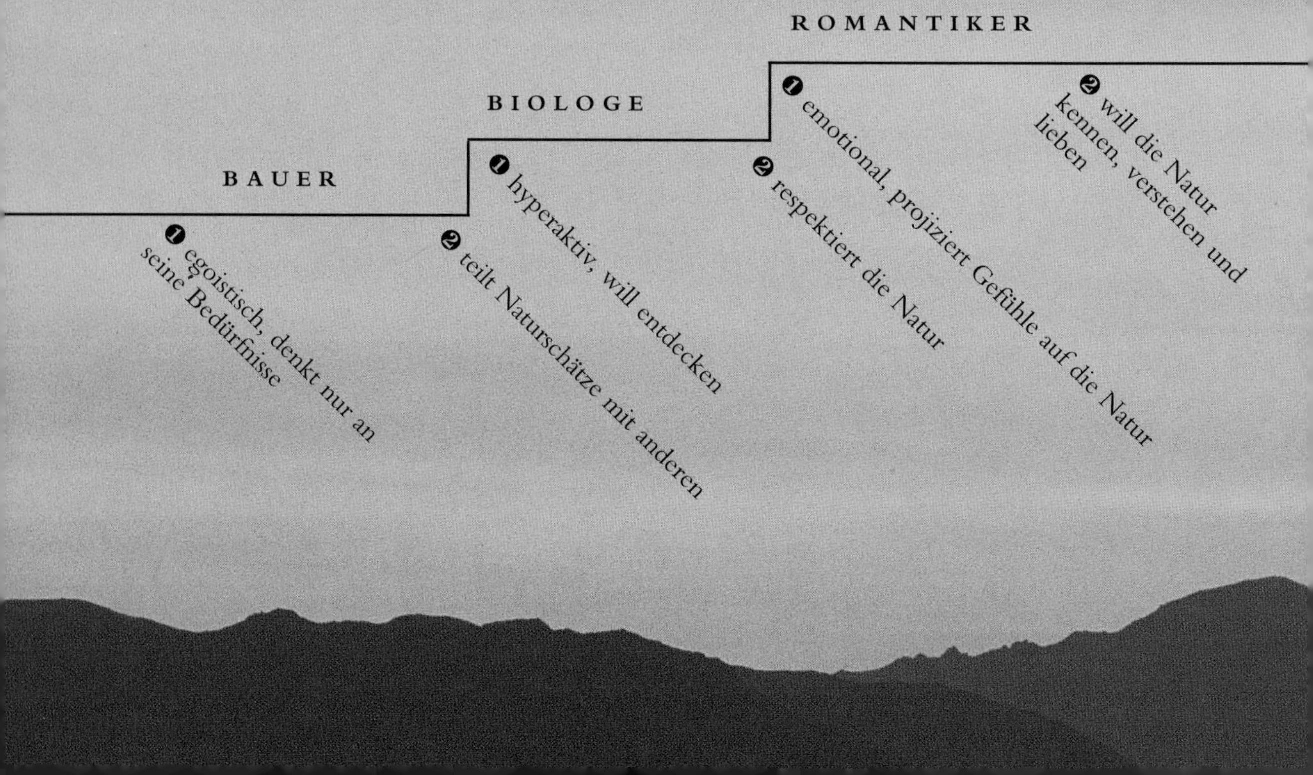

Einstellungen zur Natur	*Einstellungen zu Bäumen*
BAUER	Rohstoffe zum Ausbeuten
BIOLOGE	Forschungsobjekte
ROMANTIKER	Wesen, die unser Leiden widerspiegeln
GÄRTNER	Wesen, um die wir uns kümmern müssen
SCHAMANE	Quellen der Macht
ÖKOLOGE	lebende Wesen
MYSTIKER	ein Teil des Kosmos

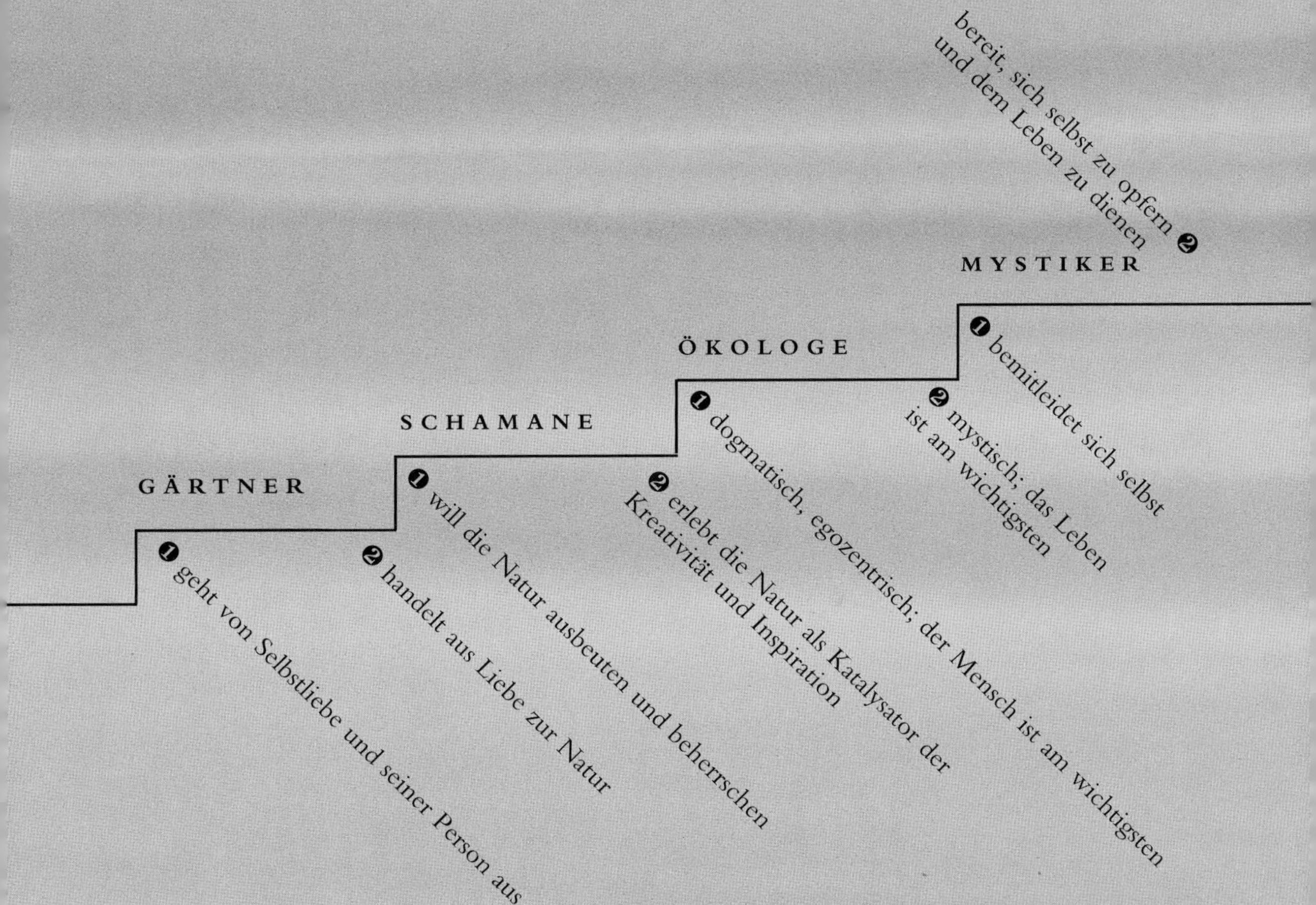

Kapitel 2

Der Heilprozeß

Wenn wir verstehen wollen, wie Bäume uns helfen können, müssen wir zunächst uns und unsere Probleme aus einem neuen Blickwinkel betrachten. Der Mensch ist mehr als ein materieller Körper, dem eine Seele hinzugefügt wurde - er ist letztlich Geist oder Energie in einer materiellen Gestalt. Das ist für manche Menschen ein neuer Gedanke, für andere eine uralte Wahrheit. Durch die Übungen in diesem Kapitel erfahren Sie mehr über die Energiekörper und ihre Wechselwirkung mit dem physischen Körper.

Wir wissen viel über die Krankheiten im materiellen Körper, aber wenig über die Vorgänge in den Energiekörpern. Physische Symptome und seelische Störungen sind oft verschiedene Facetten desselben inneren Zustandes. Wenn wir die feinstofflichen Folgen körperlicher und seelischer Krisen untersuchen, entdecken wir verschiedene Phasen des Heilprozesses, und wir begreifen, daß wir nicht das hilflose Opfer einer Krankheit oder eines Problems sind, sondern den Schlüssel zur Heilung und zum Wachstum in der Hand halten.

Einstellungen zur Krankheit

Bei meiner Arbeit mit Menschen und in meinen Seminaren habe ich immer wieder sieben Einstellungen zur Krankheit beobachtet, die mit der Einstellung zur Natur (siehe Kapitel 1) vergleichbar sind.

Die meisten Menschen haben eine „gemischte Einstellung“ und reagieren in einer bestimmten Situation heute so und morgen anders, wenn auch meist ein Verhaltensmuster dominiert. Es kann zum Beispiel sein, daß Sie heute wie ein „Ökologe“ denken und morgen wie ein „Bauer“.

❶ Der Bauer

Der Bauer merkt erst, daß er krank ist, wenn die Beschwerden stark sind, so wie er die Natur nur in ihren materiellen Aspekten zur Kenntnis nimmt und sie als Rohstofflieferantin betrachtet. Die Fülle der Natur ist für ihn nützlich, eine Krankheit ärgerlich.

❷ Der Biologe

Der Biologe versucht zu erklären, welche äußere Ursache ihn krank gemacht hat – welches Virus, welche Speisen, welche Erbanlage. Auch in der Natur sucht er nach dem Grund eines Phänomens und findet ihn „da draußen“.

❸ Der Romantiker

Romantiker halten ihre Krankheit für eine persönliche Beleidigung, als Indiz dafür, daß das Schicksal unfair ist. Darum reagieren sie heftig darauf. Sie sehen auch die Natur leiden und leiden mit ihr.

ÜBUNG 1: *WELCHE EINSTELLUNG HABEN SIE ZU KRANKHEITEN?*
Finden Sie heraus, welche Einstellung Sie zu Krankheiten und zum Genesungsprozeß haben.

Wie erleben Sie eine Krankheit?
Was fühlen Sie?
Wie können Sie Ihrer Meinung nach gesund werden?

Ihn welchem Umfang fühlen Sie sich für die Krankheit verantwortlich?

Können Sie sich eine andere Einstellung zu ihrer Krankheit vorstellen?
Wie könnte sie aussehen?
Wie könnte dieser neue Standpunkt Ihr restliches Leben beeinflussen?

Welche Folgen haben diese Überlegungen für Ihr Verhältnis zu Ihrem Arzt oder Therapeuten?

❹ DER GÄRTNER
Der Gärtner ist praktisch veranlagt und will die Natur gestalten. Ebenso nüchtern geht er mit einer Krankheit um: Wenn Symptome auftreten, hört er auf zu rauchen, stellt seine Ernährung um, treibt Sport usw.

❺ DER SCHAMANE
Menschen mit dieser Einstellung glauben, es gebe irgendwo ein wirksames Heilmittel, das ihr Arzt nicht kennt. Auch die Natur ist für sie ein Lagerhaus, in dem gewaltige Kräfte aufbewahrt werden.

❻ DER ÖKOLOGE
Wenn der Ökologe krank wird, überlegt er zunächst einmal, was zu dieser Situation geführt hat und was die Symptome über seine Lebensweise aussagen. Auch die Natur versucht er mit Hilfe seiner inneren Erfahrung zu verstehen.

❼ DER MYSTIKER
Mystiker glauben, ihre Krankheit spiegle ihren Anteil an der kollektiven Evolution und Transformation wider. Was der Menschheit widerfährt, das widerfährt ihnen, und sie verstehen sich als Teil der Natur.

Die Parallelen zwischen der Einstellung zur Natur und der Einstellung zur Krankheit lassen auf einen Zusammenhang schließen.

Beide verraten nämlich, in welcher Art Spiegel wir unser Leben sehen, wie wir die Welt wahrnehmen und welche Schlußfolgerungen wir aus unseren Erfahrungen ziehen.

Das alles ist in unserem Bewußtsein gespeichert: Gefühle, Gedanken, Erinnerungen, die Wahrnehmung des materiellen Körpers und der Welt, unser Sinn für Schönheit, unsere Vorstellung von gut und böse, unser spirituelles Streben.

Die Wissenschaft kann noch nicht erklären, was uralte Überlieferungen verschiedener Kulturen wissen: daß unser Bewußtsein in verschiedenen Teilen unseres Energiekörpers wohnt.

Die Energiekörper

Warum haben wir plötzlich „einen Kloß im Hals" und verstummen, wenn starke Gefühle uns überwältigen?

Wenn wir Schmerzen haben, ist es schwer, klar zu denken, und starke Gefühle können den Geist ebenso trüben und das Denken blockieren.

Es muß also irgend etwas geben, was diese Information zwischen unseren Gedanken und Gefühlen und dem materiellen Körper hin und her befördert.

Diese Verbindung stellen die Energiekörper her. Sie sind nicht dicht wie der physische Körper, so daß wir ihre Substanz nicht spüren. Dennoch spüren wir ihre Wirkung, ihren Einfluß, ihren Informationsaustausch. Da sie dasselbe Zentrum haben wie der materielle Körper, können sie diesen beeinflussen und umgekehrt auch von ihm beeinflußt werden.

Die Energiekörper und ihre Auren

❶ Der materielle Körper, den wir am besten kennen, ist alles, was die meisten Wissenschaftler und Ärzte interessiert.

❷ Der emotionale oder astrale Körper besteht aus unseren Gefühlen.

❸ Der mentale Körper besteht aus unseren Gedanken.

❹ Der kausale Körper speichert alle Erinnerungen unserer Seele.

❺ Der spirituelle Körper ist unser wahres Wesen. Er verbindet uns mit dem universellen Leben.

Das Ich besteht aus dem materiellen, emotionalen und mentalen Körper. Es enthält unsere vertrauten Denk- und Verhaltensmuster.

Das höhere Selbst besteht aus dem kausalen und spirituellen Körper und ist die Quelle unserer inneren Weisheit.

Jeder Energiekörper hat ein Strahlungsfeld, eine Aura. Der emotionale Körper strahlt die emotionale Aura aus, der mentale Körper die mentale Aura usw. Da jeder Energiekörper eine typische Frequenz hat, können alle Körper gleichzeitig am selben Ort existieren. Je höher die Schwingung, desto mehr Raum nimmt die Aura ein. Darum dehnt die emotionale Aura sich weiter aus als der materielle Körper, die mentale reicht weiter als die emotionale, die kausale und spirituelle Aura sind noch umfangreicher.

DIE SIEBEN WICHTIGSTEN CHAKREN UND IHRE ENERGIEN

❼ Krone – *Verbindung zum Spirituellen*

❻ Drittes Auge – *Intelligenz, Wahrnehmung*

❺ Hals – *Ausdrucksfähigkeit, Kommunikation*

❹ Herz – *Liebe*

❸ Solarplexus – *Gefühle*

❷ Hara – *enge Beziehungen, Sexualität*

❶ Steißbein – *fundamentale Instinkte*

Die sieben Hauptchakren

Die Energiekörper bestehen aus unsichtbaren Energiekanälen, die im Sanskrit *nadis* heißen. Wo diese Kanäle sich kreuzen, bilden sie Energiewirbel, die man Chakren nennt. An den wichtigsten Kreuzungen begegnen sich Dutzende von *nadis* und bilden sieben Hauptchakren (siehe Zeichnung). Dort fließen die Informationen zwischen den Energiekörpern hindurch. Jedes Chakra ist der Brennpunkt einer bestimmten Art von Energie.

Die Energiekörper wahrnehmen

Was unsere physischen Körper betrifft, so sind die Unterschiede in der Hautfarbe, der Haarfarbe, den Gesichtszügen und so weiter offensichtlich. Wir sehen anders aus als unsere Nachbarn. Unsere emotionalen Körper sind sich dagegen ähnlicher: Die Wut, die Sie empfinden, ist im wesentlichen identisch mit der Wut, die irgendein anderer Mensch auf der Welt empfindet. Unsere Denkmuster gleichen sich sogar noch mehr.

Wir sind uns unseres materiellen Körpers mehr oder weniger bewußt, aber nicht so sehr unserer Gefühle und noch weniger unserer Denkmuster. Über unsere spirituelle Natur wissen wir meist nichts. Wir glauben zwar, unsere Gedanken und Gefühle zu kennen, weil wir ihre Wirkungen erfahren; doch das bedeutet nicht, daß wir sie vollständig verstehen. Wir können auch nicht behaupten, das Licht zu verstehen, weil wir den Lichtschalter betätigen. Die folgende Übung wird Ihnen helfen, sich Ihrer Energiekörper bewußt zu werden.

ÜBUNG 2: *LERNEN SIE, DIE ENERGIEKÖRPER WAHRZUNEHMEN*

❶ Setzen Sie sich bequem hin, schließen Sie die Augen, legen Sie die Handteller aneinander. Lösen Sie die Hände langsam voneinander, und achten Sie genau auf Ihre Empfindungen. Wenn die Hände einander nahe sind, spüren Sie vielleicht eine Verbindung zwischen ihnen; wenn der Abstand zunimmt, spüren Sie nichts mehr.

❷ Führen Sie die Hände erneut langsam zusammen. Vielleicht spüren Sie nun einen leichten Widerstand, als ob sie auf einen Ballon drückten.

❸ Erforschen Sie diese Empfindung. Was fühlen Sie - Hitze, Kälte, ein Kribbeln, einen Widerstand? Trennen Sie die Hände wieder, bis Sie den „Bruch" spüren, und erforschen Sie auch diese neue Empfindung.

Lauschen Sie Ihren Energiekörpern

Vielleicht fragen Sie sich, was es Ihnen nützt, mehr über die Energiekörper zu wissen. Schließlich sind Sie ja mit Ihren Gedanken und Gefühlen bereits vertraut. Wenn wir ein Problem lösen, übernimmt der Verstand diese Aufgabe - aber wir lassen uns leicht von ihm täuschen. Viele allgemein anerkannte Ideen formen unser Glaubenssystem und schränken unsere Denkfreiheit ein, ohne daß wir uns dessen bewußt sind: Der Glaube, manche Menschen würden von Gott „erlöst", andere jedoch nicht; der Glaube, die „Wissenschaft" habe immer recht. Unser gesamtes Verhalten kann auf Irrtümern beruhen, etwa auf der Vorstellung, es sei egoistisch, manchmal an seine eigenen Bedürfnisse zu denken. Da solche Irrtümer großen Einfluß auf uns haben, ist eine Therapie gefährlich, wenn sie nur den Verstand anspricht. Lauschen Sie Ihren Energiekörpern, um ein vollständiges Bild zu bekommen.

Mit etwas Übung können Sie lernen, den Zustand der Energiekörper zu beurteilen und die Wirklichkeit ohne Verzerrungen zu sehen. Ihre körperlichen Empfindungen geben zuverlässig Auskunft darüber, wie authentisch Ihr Verhalten ist. Wenn Sie wissen wollen, ob in einer Beziehung alles in Ordnung ist oder ob Sie genügend Selbstvertrauen haben, erhalten Sie bisweilen von Ihrem Körper Antworten, die Ihren Verstand überraschen. Die Energiekörper sagen Ihnen klar und deutlich, wie Sie Ihre Beziehung verbessern, mit Arbeitslosigkeit fertig werden oder Ihr Selbstvertrauen stärken, ohne daß der Verstand Sie dabei stört. Die Übung links zeigt Ihnen, wie Sie körperliche Empfindungen aufspüren. Mehr darüber lernen Sie mit Audiokassetten (siehe Seite 160).

ÜBUNG 3: *LERNEN SIE, AUF DIE ENERGIEKÖRPER ZU HÖREN*

Da die Energiekörper denselben Raum innehaben wie der physische Körper, nehmen Sie die von ihnen ausgelösten Empfindungen wahr, wenn Sie den physischen Körper entspannen. Der Verstand ist nur Beobachter.

❶ Legen Sie sich bequem hin, und achten Sie auf Ihre körperlichen Empfindungen (Wärme, Anspannung usw.). Versuchen Sie nicht, etwas daran zu ändern.

❷ Stellen Sie sich jetzt etwas Erfreuliches vor, und achten Sie auf neue Empfindungen. Wo sind sie am deutlichsten?

❸ Lösen Sie sich von diesen Gedanken, und entspannen Sie sich. Achten Sie erneut auf Ihre körperlichen Empfindungen.

❹ Denken Sie an etwas Unangenehmes. Wo treten körperliche Empfindungen auf? Haben sie eine andere Qualität?

❺ Lösen Sie sich von diesen Gedanken, entspannen Sie sich und überprüfen Sie wieder Ihren Zustand.

❻ Denken Sie an etwas Angenehmes, und achten Sie auf die Reaktionen des Körpers.

❼ Entspannen Sie sich, und kehren Sie langsam in die Realität zurück.

Wie wir krank werden

Die Lebenskraft, die den physischen Körper erhält, hat ihren Ursprung in den Energiekörpern. Wenn diese Körper geschwächt sind, ist der physische Körper nicht voll leistungsfähig. Die Energiekörper werden ihrerseits von unserem inneren Zustand gesteuert. Wenn dieser Zustand unharmonisch ist, schaden uns nicht nur Gefühle und Gedankenmuster, sondern auch deren Interaktionen. Da die Energiekörper sich unaufhörlich bewegen und aufeinander einwirken, ist nicht eine bestimmte Stelle gestört, sondern das gesamte Zusammenspiel der Impulse und Reaktionen. Wenn die Energiekörper nicht mehr ungestört fließen, treten physische Symptome auf, und wir fühlen uns schlecht, was die Energiekörper noch mehr schwächt. Das Fallbeispiel links verdeutlicht diesen Prozeß auf eindringliche Art und Weise.

Wir alle beherbergen Mikroben, Viren und einzelne Krebszellen, aber nicht jeder Mensch wird krank. Eine Krankheit entsteht nur, wenn der Organismus eine Schwachstelle hat. Ist das Wechselspiel zwischen den Energiekörpern und dem materiellen Körper gestört, können Krankheitserreger sich besonders leicht und schnell ausbreiten.

Die Schulmedizin macht mitunter den Fehler, sich allein um den physischen Körper zu kümmern, während manche Heiler die Ursache der Beschwerden nur in den Energiekörpern suchen und den physischen Körper vernachlässigen. Eine Krankheit spiegelt jedoch die Interaktionen - oder deren Fehlen - zwischen den Energiekörpern und dem materiellen Körper wider, nicht so sehr den direkten Einfluß eines Körpers auf den anderen.

FALLBEISPIEL

H. war eine attraktive Frau von 35 Jahren mit geringem Selbstwertgefühl. Sie trug stets ein auffälliges Make-up und provozierende Kleider, um sich selbst Mut zu machen. Eine Frau zu sein bedeutete für sie, minderwertig und verletzlich zu sein, und darum kämpfte sie ständig darum, die Oberhand zu behalten. Sie litt an schmerzhaften, unregelmäßigen Menstruationen und hatte auch Schmerzen beim Sex.

Ihre Einstellung hatte in den feinstofflichen Körpern einen Energiewirbel im Bauchraum ausgelöst, so daß andere Energien nicht mehr frei fließen konnten. Diese Blockade veranlaßte sie, unbewußt alles zu unterdrücken, was sie an ihre Weiblichkeit erinnerte - das war die Ursache ihrer Symptome. Die Beschwerden ängstigten sie, und ihre Panik verschlimmerte darüber hinaus noch die Störung des Energiemusters.

Der Sinn der Krankheit

Heilung bedeutet für die meisten Menschen die Beseitigung von Symptomen, zumindest der schlimmsten. Das ist ein mechanistischer Blickwinkel: Eine defekte Maschine muß so schnell wie möglich repariert werden. Krankheiten sind ein normaler Teil des Lebens; sie sind nicht unbedingt Hindernisse, sondern oft Wegweiser oder gar Leuchtfeuer, die uns in unserer inneren Dunkelheit die Richtung zeigen. Wir müssen uns von dem Gedanken befreien, wir seien entweder krank oder gesund, und begreifen, daß unsere Beschwerden Stadien des Lebensprozesses sind. Wenn wir einen Teil unserer Erfahrungen zurückweisen, trennen wir uns von einem Teil unseres Lebens.

Wir können Krankheiten als Aufforderung betrachten, unsere Schwachpunkte zu erkennen, damit wir sie beseitigen und uns selbst besser verstehen können. Letztlich entdecken wir unsere wahre Stärke nur, wenn wir die Hürden überwinden, die das Leben uns in den Weg stellt - nicht indem wir um sie herumgehen.

ÜBUNG 4: *WAS BEDEUTET KRANKHEIT FÜR SIE?*
Die folgenden Fragen helfen Ihnen, diese Frage zu beantworten.

Welche Rolle spielt die Krankheit im Leben?
Warum gibt es überhaupt Krankheiten?
Hat die Existenz von Krankheiten Einfluß auf Ihre Einstellung zum Leben?

Welche Gefühle lösen Krankheiten in Ihnen aus (Furcht, Verzweiflung, Verständnislosigkeit, Wut ...)?

Finden Sie an Krankheiten auch positive Aspekte?

Der Körper verlangt Aufmerksamkeit

Viele unserer inneren Probleme sind darauf zurückzuführen, daß das Ich und das höhere Selbst sich in verschiedene Richtungen bewegen (siehe Seite 43). Das Ich ist mit dem physischen, emotionalen und mentalen Körper verbunden und speichert unsere vertrauten Denk- und Verhaltensmuster. Der kausale und der spirituelle Körper sind mit dem höheren Selbst verbunden - mit unserem wahren Wesen, der Quelle unserer inneren Weisheit -, das unsere wahren Gaben und Vorzüge zum Ausdruck bringt. Wenn wir diesem „Richtungsstreit" keine bewußte Aufmerksamkeit schenken, treten physische Symptome und Krankheiten auf, die uns dazu zwingen.

Andere Krankheiten sind Kämpfe zwischen der Natur und dem kollektiven Ich der Menschheit; ihre Ursachen sind Umweltverschmutzung, unser Umgang mit Tieren (z. B. „Rinderwahnsinn"), Psychopharmaka oder Bakterien, die gegen Antibiotika immun sind.

Krisen fördern die Entwicklung

Wenn Sie akute körperliche oder seelische Schmerzen haben, fällt es Ihnen schwer zu akzeptieren, daß sie das Wachstum der Persönlichkeit fördern. Aber es lohnt sich, darüber in einer ruhigen Minute einmal nachzudenken. Mit „Krisen" meine ich jede akute Störung im Leben.

Körperliche Krisen sind Schmerzen, Organstörungen oder Verletzungen; seelische Krisen dagegen sind der Verlust des Arbeitsplatzes, ein Todesfall in der Familie, eine Scheidung und so weiter.

Die Übung auf dieser Seite hilft Ihnen, vergangene Krisen einzuschätzen und ihre positiven Wirkungen zu erkennen.

Übung 5:
Meine persönliche Entwicklung

Diese Übung macht Ihnen bewußt, daß Krisen die Selbsterkenntnis fördern können.

In welcher Phase meines bisherigen Lebens habe ich mich am meisten entwickelt?
Welche Situationen haben den stärksten Wandel ausgelöst?

Welche Einstellung hatte ich zu den Krisen, als sie begannen?
Welche Fähigkeiten brauchte ich, um damit fertig zu werden?
Wie bewerte ich diese Krisen im Rückblick?
Was haben die Krisen mich gelehrt?

Übung 6:
Meine jüngste Krise

Denken Sie über eine Krise nach, die Sie kürzlich durchgemacht haben. Sie werden entdecken, daß sie nicht nur negative Aspekte hatte.

Welche Auswirkungen hatte die Krise?
Was hat sie mir klargemacht?
Wie hat sie mich bereichert?
Welchen bleibenden Nutzen hat sie mir gebracht?

Stadium 4: *Experimentieren Sie mit einer neuen Einstellung*

Dieses Stadium ist ein wichtiger Wendepunkt. Das Ego ist geläutert, so daß das höhere Selbst „hereinfluten" kann. Um diesen Vorgang zu beschleunigen, müssen Sie Ihr bisheriges Verhalten prüfen und feststellen, wie es zur derzeitigen Situation beigetragen hat. Haben Sie die Situation herbeigeführt? Wie hängt sie mit anderen Problemen in Ihrem Leben zusammen? Was versucht das Leben Ihnen derzeit klarzumachen? Welche Verhaltensänderungen würden die Situation verbessern? Vielleicht können Sie bestimmte Verhaltensweisen identifizieren, die Sie ändern sollten. Zum Beispiel: Ihren unordentlichen Partner weniger kritisieren oder mehr Zeit für die Entspannung finden. Probieren Sie die neue Einstellung aus, wenn die Situation erneut eintritt. Dieses Experimentieren mit einem neuen Verhalten erfordert anfangs bewußte Anstrengung; aber allmählich gewöhnen Sie sich an das neue Muster, und - um im Bild zu bleiben - das Fieber fällt.

Übung 8: *Ändern Sie Ihre Einstellung*

Die Formulierung eines Problems enthüllt oft, wen wir dafür eigentlich verantwortlich machen. Ändern Sie Ihre üblichen Formulierungen, und beobachten Sie, was geschieht.

❶ Fassen Sie das Problem in einem Satz zusammen. Zum Beispiel: „Mein Partner respektiert mich nicht. Meine Wünsche sind ihm egal."

❷ Drehen Sie diesen Satz nun wie folgt um: „Ich bringe meinen Partner nicht dazu, mich zu respektieren, und es fällt mir schwer ihm mitzuteilen, was ich im Grunde will."

Solange Sie andere für eine Situation verantwortlich machen, sind Sie machtlos. Wenn Sie sich Ihrer eigenen Rolle bewußt sind, können Sie etwas unternehmen. Ein Problem gibt Ihnen also die Chance zu wachsen.

Stadium 5: *Sie entwickeln neue Fähigkeiten*

Das neue Verhalten, das Sie in Stadium 4 bewußt angenommen haben, ist nun ein Teil von Ihnen, so daß sich neue Fähigkeiten entwickeln können. Sie brauchen sich nicht mehr bewußt anzustrengen, sondern wenden Ihre neuen Fähigkeiten ständig an. Zum Beispiel: Sie sind liebevoller, toleranter, weniger kritisch.
Da Sie die Situation ändern und liebevoller sein wollen, ändert sich auch Ihr Blickwinkel. Das Gefühl der Bedrohung ist dem Wunsch gewichen, das Problem zu lösen, und darum ist es leichter, objektiv zu sein, als sich gehen zu lassen.
Der Körper beginnt jetzt zu genesen. Er hat die Infektion besiegt, und das Fieber geht weiter zurück.

STADIUM 6: ***DIE NEUE EINSTELLUNG ÄNDERT DIE SITUATION***
Dank Ihres neuen Verhaltensmusters haben Sie neue Fähigkeiten erworben und können eine neue Situation schaffen.
Wenn ein Mann sich über die Aggressivität anderer ärgert und beschließt, ihnen künftig die Stirn zu bieten, besteht die Gefahr, daß er die anderen erst recht reizt. Wenn er dagegen sein inneres Problem löst, kämpft er nicht mehr gegen das Problem an und sieht andere so, wie sie wirklich sind.
Wenn Sie ein Problem lösen, werden Sie innerlich frei; Sie fühlen sich leichter und sind zufriedener mit sich selbst. Das Fieber ist fast verschwunden.

STADIUM 7: ***INTEGRIEREN SIE, WAS GESCHEHEN IST***
Dies ist die Phase der Genesung. Sie haben die Krankheit überwunden, müssen sich aber noch vor einem Rückfall hüten. Dieses Stadium ist für ein seelisches oder geistiges Problem ebenso wichtig wie für ein körperliches.
Manchmal, wenn wir uns stark verändert haben, wird das Ich nervös und braucht einige Zeit, um sich an die neue Situation zu gewöhnen. Dann ist es wichtig, die neuen Energiemuster im Auge zu behalten, damit sie nicht wieder die alte Form annehmen (siehe Übung 9). Echte Veränderungen wirken sich übrigens auch auf andere Menschen aus.

BEISPIEL: ***DIE SIEBEN STADIEN EINER KÖRPERLICHEN KRANKHEIT***
Stadium 1: Ich fühle mich heiß / kalt / steif.
Stadium 2: Ich kann nicht zur Geburtstagsfeier gehen!
Stadium 3: Ich gehe ins Bett und schwitze tüchtig.
Stadium 4: Was ist los mit mir? Ich glaube, ich bin überarbeitet. Mamas Krankheit und mein Ärger im Büro haben mich wohl mehr angestrengt, als ich dachte.
Stadium 5: Ich bleibe einen Tag im Bett, ruhe mich aus und faste.
Stadium 6: Meinem Körper geht es etwas besser. Die Krankheit weicht zurück, das Fieber ist fast weg.
Stadium 7: Ich fühle mich viel besser. Von jetzt an achte ich mehr auf mich selbst, auf meine Energie, meinen Rhythmus, meine Grenzen und Bedürfnisse.

ÜBUNG 9: ***SELBSTANALYSE***
Diese Übung hilft Ihnen, Ihre Erfahrungen und die positiven Folgen einer Krise einzuschätzen.

Denken Sie an einem ruhigen Ort darüber nach, wie es zu dieser Situation gekommen ist.

Was ist in Ihrem Leben geschehen, kurz bevor das Problem oder die Symptome sich einstellten?

Welche Gefühle lösten die Ereignisse aus, welche Erinnerungen weckten sie?

Welche Schwäche spürten Sie?

Was haben Sie vor der Krise vernachlässigt?

Es ist verlockend zu glauben, daß Krankheit das Gegenteil von Gesundheit ist, daß wir entweder krank oder gesund sind. Solange wir diese dualistische Einstellung haben, können wir nicht lernen, was eine Krankheit oder ein Problem uns lehren will - wir können daran nicht wachsen und unser Verhaltensrepertoire nicht erweitern. Die Einsicht, daß eine Krankheit verschiedene Phasen durchläuft, hilft uns, dieser Falle zu entkommen.

Wenn Sie wieder einmal krank oder in einer schwierigen Situation sind, nehmen Sie sich Zeit und überlegen Sie, in welchem Stadium des Prozesses Sie sich befinden; dann kommen Sie der Sache näher. Seien Sie auch wachsam, wenn Sie von einer Phase in die andere wechseln. So können Sie herausfinden, wie weit Sie sich entwickelt haben, seitdem das Problem aufgetaucht ist, und welche Stadien Sie noch vor sich haben. Das ist eine Möglichkeit, die Macht zu behalten, die sie verlieren, wenn Sie versuchen, einen idealen Zustand des Wohlbefindens zu erreichen, der in Ihrem jetzigen Stadium unrealistisch wäre.

Wenn die Zeit reif ist, werden Sie sich selbst heilen, genauer gesagt, Ihre Energiekörper werden sich harmonisieren. Dann sind Sie von den Beschwerden auf allen Ebenen, einschließlich der körperlichen Symptome, befreit. Sie brauchen jedoch Glauben und Selbstvertrauen, um dem Prozeß freien Lauf zu lassen. Eine Krankheit oder eine persönliche Krise ist im Grunde eine Aufforderung, im Leben einen Schritt nach vorne zu gehen. Irgendwann wird Ihnen klar, daß jedes Problem das Spiegelbild eines inneren Zustandes ist und daß Sie die Lösung nur in Ihrem Inneren finden.

In Kapitel 3 erfahren Sie, wie Begegnungen mit Bäumen Ihnen helfen, die Einstellung zu erwerben, die Sie brauchen, um bei dieser Begegnung mit sich selbst hellwach zu sein.

Kapitel 3

Bäume sind mehr als Schattenspender

Was könnte majestätischer sein als ein großer, vor Kraft strotzender Baum, und was könnte bewegender sein als ein Obstbaum im Frühling, übersät mit Blüten? Haben Sie je einen Baum betrachtet und die mysteriöse Lebenskraft gespürt, der er seine Pracht verdankt? Aber wie können Sie mit diesem lebendigen Baum Kontakt aufnehmen? Die übliche Denkweise ist keine große Hilfe und führt nur zu Enttäuschung und Zweifeln. Im vorigen Kapitel haben wir entdeckt, daß wir uns selbst mit neuen Augen sehen, wenn wir unsere Einstellung zur Krankheit ändern. Wenn wir herausfinden, wie wir mit Bäumen Kontakt aufnehmen, lernen wir ebenfalls viel über sie und über uns selbst. In diesem Kapitel finden Sie Übungen, die Sie draußen bei den Bäumen machen können und die Ihnen helfen, das Mysterium der Bäume und das Mysterium Ihres Selbst zu ergründen. Sie haben bereits eine neue Einstellung zur Krankheit; jetzt stehen Sie vor der Herausforderung, Ihre Einstellung zu dem lebenden Wesen, das wir Baum nennen, zu ändern. Sie werden sehen, daß der Baum Ihnen viel zu bieten hat.

Bäumen begegnen

Vielleicht haben Sie das Glück, an einem Ort zu wohnen, wo Sie von Bäumen umgeben sind. Aber wie oft sehen und bewundern Sie diese Bäume?

Wir halten Bäume für etwas Selbstverständliches. Doch in ihren vertrauten Formen verbirgt sich das Mysterium der Lebenskraft, einer Kraft, der unsere moderne Lebensweise nicht gerade förderlich ist. Es könnte sein, daß unser unbewußter Hunger nach dieser Kraft uns den Bäumen wieder näher bringt. Haben Sie den Hauch dieses Mysteriums bereits verspürt? Mit Hilfe der folgenden Übungen können Sie herausfinden, was geschieht, wenn Sie sich einem Baum mit all Ihren Sinnen nähern.

ÜBUNG 10:
MEDITATION BEIM GEHEN

Diese Übung hilft Ihnen, sich selbst zu beobachten, wenn Sie im Wald spazieren. Welche Erfahrungen Sie dabei machen und welche Wirkung spätere Übungen haben, hängt von Ihrem Gemütszustand bei diesem Spaziergang ab. Wir gehen oft durch den Wald wie durch einen Supermarkt. Wir denken darüber nach, was wir gestern gemacht haben oder was wir morgen tun wollen, und die Gegenwart vergeht unbemerkt.

❶ Konzentrieren Sie sich auf die Gegenwart. Lauschen Sie Ihrem Atem, spüren Sie die Erde unter den Füßen, erforschen Sie, ob Sie innerlich ausgeglichen sind.

❷ Merken Sie, wie der Verstand alles regeln will? „Der Weg dort ist nicht gut, zuviel Gestrüpp ... da drüben sind Pfützen ... ich nehme lieber den anderen."
Wir geben uns unaufhörlich Anweisungen, setzen uns Grenzen, sprechen Verbote aus, obwohl wir Grenzen überwinden müssen, um das Leben zu genießen. Wenn Sie sich dabei ertappen, lächeln Sie nur und machen Sie sich keine Vorwürfe. Gehen Sie weiter den Weg, den Ihre Füße gehen wollen.

Es ist herrlich, an einen Ort zu gelangen, den wir nie entdeckt hätten, wenn wir nur dem Verstand oder alten Gewohnheiten gefolgt wären. Lassen Sie sich von Ihrer Intuition leiten - vom höheren Selbst.

Übung 11:
Wie man Bäumen begegnet

Am Anfang genügt es, wenn Sie einem Baum auf der ästhetischen Ebene begegnen. Wenn Ihnen das gelingt, ohne Ihre Reaktion auf „Er ist schön“ oder „Er ist häßlich“ zu beschränken, haben Sie einen großen Schritt getan.

❶ Als nächstes sollten Sie lernen, ganz bewußt durch einen Wald zu gehen.

❷ Gehen Sie zu einem Baum. Wenn Sie darauf verzichten, ihn auszuwählen, kann es sein, daß Sie plötzlich vor einem Baum stehen, für den Sie sich nicht bewußt entschieden hätten und der Sie dennoch anzieht.
Grüßen Sie ihn stumm, um ihm Respekt zu erweisen. Gehen Sie dann um ihn herum, bis Sie spüren, von welcher Seite Sie sich ihm nähern sollten. Betreten Sie sein Energiefeld am günstigsten Punkt.

❸ Wenn Sie spüren, an welcher Stelle Sie sich dem Baum am besten nähern, setzen Sie sich vor ihn oder lehnen Sie sich mit dem Rücken an den Stamm. Sie sollten spüren, was bei diesem Baum richtig ist. Beim nächstenmal oder bei einem anderen Baum kann es durchaus anders sein.

Benutzen Sie ihre fünf Sinne

Erwarten Sie nicht, daß ihre ersten Erfahrungen mit Bäumen umwerfend sind. Es wäre falsch, wenn Sie versuchen würden, die natürlichen Stadien Ihrer Entwicklung zu überspringen oder sich selbst mit Phantasien über transzendente Erlebnisse zu täuschen. Bleiben Sie mit beiden Beinen auf dem Boden, und benutzen Sie Ihre fünf Sinne - sie sind die Tore zu einer Wirklichkeit, die größer ist als in Ihren Träumen. Die Art und Weise, wie wir unsere Sinne gebrauchen und wie der Geist die vielen Informationen verarbeitet, die sie ihm liefern, begrenzt unsere Wahrnehmung. Dennoch wissen wir, daß es neben dem gewöhnlichen Sehen das Hellsehen gibt, jenseits des alltäglichen Hörens das Hellhören und jenseits der banalen Berührung eine Berührung höherer Art.

Sehen

Unser Gehirn speichert im Laufe des Lebens viele Bilder und vergleicht sie ständig mit dem, was wir sehen. Nach Platon erfinden wir die Welt immer wieder neu, das heißt, wir verknüpfen alles, was wir erleben, mit unserem bereits vorhandenen Wissen.

Das bedeutet, daß wir nicht wirklich sehen - wir hören auf zu sehen, sobald der Geist ein Objekt identifiziert hat. Darum ist es schwierig, etwas wirklich Neues zu sehen.

In unserer modernen Welt kommen unsere Augen nie zur Ruhe. Dafür sorgen Verkehrszeichen, Werbung, Fernsehen (dem wir einen großen Teil unseres Wissens von der Welt verdanken), der Computermonitor, auf den wir bei der Arbeit starren, sowie die Flut von Worten und Bildern in Zeitungen und Zeitschriften. Darum ist das Sehzentrum des Gehirns sehr aktiv, und die Neuronenbahnen, die visuelle Reize weiterleiten, sind gut entwickelt.

Es lohnt sich also, unser Gesichtsfeld zu erweitern.

ÜBUNG 12:

GRENZEN ÜBERSCHREITEN

Wir sind es gewohnt, die Welt auf eine bestimmte Art und Weise zu sehen. Wir nehmen nicht wirklich wahr, was wir sehen, und es fällt uns schwer, Neues zu sehen.
Die gleiche Wirkung haben unsere Denkmuster. Hier bietet sich die Chance, Grenzen zu überschreiten.

❶ Setzen Sie sich an einen stillen Platz im Wald, und betrachten Sie Ihre Umgebung, ohne auf Einzelheiten zu achten. Sie werden feststellen, daß Ihr Gesichtsfeld einen Radius von etwa zwanzig Metern hat und daß es von Bäumen begrenzt wird.
Konzentrieren Sie sich auf die Bäume, die Ihnen die weitere Sicht versperren, und suchen Sie nach Lücken zwischen den Ästen. Nach einer Weile merken Sie, daß die erste Baumreihe keine Grenze mehr ist und daß Sie viel weiter sehen können.

❷ Lassen Sie sich auch von der zweiten Baumreihe nicht aufhalten, und schauen Sie durch deren Äste ebenfalls hindurch. Bald löst auch diese Barriere sich auf, und eine viel größere Wirklichkeit tut sich auf. Übereilen Sie nichts, und versuchen Sie nicht, sofort möglichst weit zu sehen.

Wenn Sie vom Vordergrund in die Ferne springen, entgeht Ihnen alles, was dazwischen liegt und Ihr Bewußtsein erweitern kann.

ÜBUNG 13:

VERTRAUT UND DOCH ÜBERRASCHEND

Was Sie mit der Weite versucht haben, können Sie auch mit der Nähe versuchen. In der vorigen Übung ging es um ein Panorama, hier konzentrieren Sie sich auf kleine Dinge.

❶ Betrachten Sie eine kleine Grasfläche von oben. Machen Sie sich ein erstes Bild davon. Schauen Sie nun genauer hin. Sie sehen vieles, was Ihnen zunächst entgangen ist: abgestorbenes Holz, junge Schößlinge, Erdklumpen, Insekten.

❷ Bücken Sie sich jetzt, damit Sie weitere Einzelheiten erkennen. Je aufmerksamer Sie sind, desto mehr Details entdecken Sie und desto mehr Überraschungen erleben Sie. Jedesmal, wenn Sie glauben, alles gesehen zu haben, holen Sie tief Luft und fragen: „Was gibt es noch zu sehen?“

Wenn Sie diese Übung richtig machen, können Sie stundenlang Neues sehen. Das Ergebnis ist erstaunlich. Betrachten Sie diese Übung als Meditation, die große Bedeutung für Ihr Bewußtsein hat.

Hören

Die Ohren liefern uns mehr Informationen über die Umwelt als die Augen, aber wir sind uns der physiologischen Prozesse, die dabei ablaufen, kaum bewußt.

Wenn Sie in den Wald gehen, denken Sie nicht vorschnell: „Wie wundervoll diese Stille ist!" Im Wald ist es nie still, selbst wenn Sie gerade nichts hören. Lauschen Sie, wenn Sie den Wald kennenlernen wollen!

Beobachten Sie genau, in welchem Teil Ihres Körpers Sie einen bestimmten Laut hören. Sie werden merken, daß Sie nicht nur mit den Ohren hören. Diese Erkenntnis stellt unsere üblichen Vorstellungen auf den Kopf und öffnet ein Tor zu neuen Einsichten über unsere Welt.

FALLBEISPIEL
Anne, eine taube Frau, legte in einem meiner Workshops für diese Übung ihr Hörgerät ab. Wir waren alle erstaunt, wie gut sie hörte - aber sie wußte nicht, wo sie hörte!

Übung 14:
LAUSCHEN SIE DEN BÄUMEN
Diese Übung verfeinert das Gehör und öffnet die Ohren für Geräusche, so daß wir sie nicht erst dann bemerken, wenn sie sich aufdrängen.

❶ Suchen Sie einen inspirierenden Platz im Wald, und setzen Sie sich. Achten Sie zunächst auf Geräusche, die Sie mühelos hören können - Vogelgesang, Wind, knackende Äste -, dann auf alle anderen.

❷ Experimentieren Sie nun ein wenig. Legen Sie ein Ohr auf den Boden, wie die Indianer es tun. Nähert sich etwas? Legen Sie das Ohr an einen Baumstamm, und begnügen Sie sich nicht damit „irgend etwas" zu hören. Achten Sie darauf, wie Sie auf das Geräusch reagieren. Welche Eigenschaften hat es? Wo hallt es in Ihrem Körper wider? Wird das Geräusch lauter oder leiser, vermischt es sich mit anderen Lauten?
Am Anfang fallen Ihnen vielleicht nur wenige Einzelheiten auf. Aber wenn Sie die Übung wiederholen, werden Sie überrascht sein.

Berühren

Der Tastsinn wird oft ignoriert, weil er in unserer Gesellschaft ein Tabu ist und weil die Massenmedien ihn nicht nutzen können. Er steht häufig im Schatten des Sehens: Bevor wir ein Objekt berühren, sehen wir es und machen uns ein geistiges Bild von ihm.

Wenn Sie also Bäume durch Berühren wahrnehmen wollen, müssen Sie zuerst die Augen schließen. Wir berühren nicht nur mit den Händen, sondern mit dem ganzen Körper. Die Füße berühren die Erde fast immer. Wir achten kaum darauf, wie die Füße den Boden unter uns wahrnehmen, oder wir verarbeiten die Eindrücke zuerst mit den Augen.

Die Übung links gilt mehreren Aspekten unserer Erfahrung, zum Beispiel dem Berühren, dem Gleichgewicht, der Bewegung und dem Umgang mit Angst. Sie ist so ergiebig, daß es Tage dauern kann, bis wir das Erlebnis im übertragenen Sinne „verdaut" haben.

ÜBUNG 15:
DER BLINDE UND DER SCHUTZENGEL
Diese Übung machen wir zu zweit.

❶ Ein Partner geht mit verbundenen Augen zwischen den Bäumen hin und her. Der andere ist sein Schutzengel, der die Augen offen hält.
Zwanzig Minuten sind am Anfang genug. Der Schutzengel achtet auch auf die Zeit und gibt seinem Partner ein paar Minuten vor dem Ende der Übung einen kleinen Hinweis.

❷ Der Partner mit der Augenbinde geht, wohin er will, bleibt stehen, geht weiter, berührt Dinge und versucht, das Gleichgewicht zu bewahren. Der Schutzengel bewahrt ihn nur vor wirklichen Gefahren. Wenn der andere in Schwierigkeiten gerät, beobachtet der Schutzengel, wie er sich verhält. Manchmal geht er durch dichtes Gestrüpp, als sei es gar nicht da, oder er verfängt sich in einem kleinen Busch, als sei er im Urwald.

❸ Es ist wichtig, stumm zu bleiben. Der Schutzengel warnt den anderen vor Gefahren, indem er ihn am Arm oder an der Schulter berührt.
Die Stille ist auch für den Schutzengel eine Offenbarung; sie zeigt ihm, wie er hilft, wie er um andere Angst hat, wie er andere stört.

Riechen

Wir bemerken meist nur starke Gerüche. Begrenzt ist jedoch nicht der Geruchssinn, sondern die Verarbeitung der Duftsignale durch das Gehirn. Wie die anderen Sinne können wir auch den Geruchssinn verbessern und damit unsere Fähigkeit, jene subtilen Gerüche des Waldes zu unterscheiden, die wir nur kennenlernen, wenn wir uns zu ihnen begeben.

Bestimmte Düfte sind so subtil, daß Sie uns auf höhere Bewußtseinsebenen bringen können, jenseits der Wirklichkeit, die unsere gewöhnlichen Sinne wahrnehmen. Vielleicht gibt es auch eine Art „Hellriechen", einen Sinn, der jenseits des gewöhnlichen Geruchssinnes liegt.

Die beiden Phasen der Übung 16 aktivieren jeweils eine Gehirnhälfte und verfeinern den Geruchssinn. Sie können sie in beliebiger Reihenfolge machen, am besten aber bei verschiedenen Gelegenheiten.

ÜBUNG 16: *RIECHEN LERNEN*

Wenn Sie ein paarmal wie ein Hund schnüffeln, um die Gerüche des Waldes zu erforschen, atmen Sie falsch. Wenden Sie für beide Übungen lieber die folgende Methode an:

Beeilen Sie sich nicht. Atmen Sie ruhig und normal. Konzentrieren Sie sich beim Einatmen auf die Nase, und achten Sie auf den Geruch. Atmen Sie dann aus wie gewöhnlich, und warten Sie auf die nächste Einatmung.

Identifizieren Sie die Gerüche, wenn möglich: süß, bitter, beißend, holzig, blumig. Wahrscheinlich werden Sie von anderen Düften überrascht, die Sie nicht einordnen können. Kosten Sie sie dennoch, und finden Sie heraus, welche Ihnen gefallen.

❶ Erforschen Sie die Gerüche eines Baumstammes, einer Knospe, der gefallenen Blätter, des Bodens. In dieser Übung suchen Sie nach Gerüchen.
Das ist eine analytische Wahrnehmung, welche die linke Gehirnhälfte anregt.

❷ Nehmen Sie sich Zeit, und achten Sie auf Gerüche, die zu Ihnen kommen. Setzen Sie sich bequem hin (z. B. an einen Baum), und riechen Sie die Luft. Achten Sie darauf, wie ein Duft den anderen ablöst.
Diese umfassende Wahrnehmung regt die rechte Gehirnhälfte an.

Schmecken

Wir nutzen unseren Geschmackssinn nur selten, weil wir in der Regel alles, was wir in den Mund nehmen, sofort kauen und schlucken, ohne es zu schmecken.

Versuchen Sie einmal, die Knospen, Blüten oder Früchte eines Baumes zu kosten - aber nur, wenn Sie ganz sicher sind, daß der Baum nicht giftig ist!

ÜBUNG 17: *SCHMECKEN LERNEN*
Benutzen Sie diese Technik, um den subtilen Geschmack und Geruch von Bäumen zu erfahren: Knospen, Blätter, Blüten, Samen oder andere Teile – vorausgesetzt, daß diese nicht giftig sind.

❶ Kauen Sie den Teil des Baumes, den Sie ausgewählt haben. Um den Schluckreflex abzuschalten, denken Sie daran, daß Sie ihn nicht schlucken werden. Kauen Sie langsam, und achten Sie darauf, wie der Mund reagiert, ob reichlich Speichel fließt oder nicht.

❷ Machen Sie eine Pause, und achten Sie dann erneut auf die vorhandenen Geschmäcker. Unterscheiden sie sich von den vorigen?
Wenn Sie genug haben, spucken Sie alles aus. Verschwindet der Geschmack schnell oder langsam?
Welche Reaktionen lösen die Geschmäcker im Körper aus - Abneigung, Freude, Ruhe, Erregung ...?

Die Atmung

Haben Sie schon einmal einen Mensch getroffen, der „die gleiche Wellenlänge" hatte wie Sie? Vielleicht haben sich sogar Ihr Atemrhythmus und ihre Körpersprache denen des anderen angeglichen. Wenn Sie jemandem begegnen, der erschöpft ist, kann es sein, daß Sie schneller und flacher atmen, weil Sie seine Schwingungen auffangen.

Mit etwas Übung können Sie solche Reaktionen bewußt wahrnehmen und verstehen, was auf jeder Ebene einer Kommunikation geschieht. Ähnliche Reaktionen kommen vor, wenn Sie einem Baum begegnen.

Selbstverständlich sind alle Sinne beteiligt - Sie können den Baum sehen, hören, riechen und berühren -, und gleichzeitig spielt sich eine subtilere Interaktion ab. Unter dem einen Baum können Sie sich gut ausruhen, ein anderer regt Sie an, ein dritter wirkt abschreckend. Das liegt daran, daß auch Bäume eine Persönlichkeit haben, und manche harmonisieren besser mit Ihnen als andere.

Die Wirkung des Baumes auf die Atmung ist ein gutes Indiz dafür, wie Sie auf die Begegnung reagieren. Übung 20 hilft Ihnen, Ihre Reaktionen zu beobachten.

Wenn wir die Atmung nutzen, um mit einem Baum zu kommunizieren, gelangen wir an die Grenze der Wahrnehmungsfähigkeit unseres physischen Körpers.

ÜBUNG 20:
ATMEN NEBEN EINEM BAUM

Wenn Sie wissen wollen, wie die Begegnung mit einem Baum die Atmung beeinflußt, müssen Sie zuerst Ihr normales Atemmuster genau kennen. Versuchen Sie nicht, es zu ändern, sondern beobachten Sie es nur.

❶ Setzen Sie sich an einen ruhigen Platz, und beobachten Sie, woher Ihre Atmung kommt: aus dem Bauch, aus der Zwerchfellregion, aus dem Hals? Achten Sie dann auf die Tiefe der Atmung: Wieviel Luft atmen Sie ein und aus? Gibt es Körperteile, die sich nicht mit Luft füllen?

❷ Beobachten Sie nun den Atemrhythmus: Ist er schnell, regelmäßig, unregelmäßig? Dann die Qualität der Atmung: ruhig, energisch, ängstlich?

❸ Jetzt haben Sie ein Gefühl für Ihr normales Atemmuster. Suchen Sie nun einen Baum, der Ihnen gefällt, setzen Sie sich, und lehnen Sie den Rücken an den Stamm. Entspannen Sie sich. Wie atmen Sie jetzt? Überprüfen Sie wieder den Ursprung der Atmung, ihre Tiefe, ihren Rhythmus, ihre Qualität. Hat sich etwas geändert?
Nehmen Sie sich genügend Zeit. Wenn Sie das Gefühl haben, daß die Übung beendet ist, danken Sie den Baum und gehen zu einem anderen. Wiederholen Sie dort die Übung, und beobachten Sie, ob sich etwas ändert.

Nachdem Sie diese Übung mit mehreren Bäumen verschiedener Art und Größe gemacht haben, werden Sie empfindsamer. Jetzt können Sie einen Baum aussuchen, der Ihnen hilft, ruhiger oder dynamischer zu werden.

Baum-Energiefelder entdecken

Um zu verstehen, wie ein Baum den Atemrhythmus beeinflussen kann, müssen wir uns überlegen, was auf der feinstofflichen Ebene geschieht. Bäume, Menschen und andere Lebewesen haben ein Energiefeld (siehe Kapitel 2). Wenn Sie einem Baum begegnen, reagiert Ihr Energiefeld und paßt sich dem des Baumes an. Dieser Vorgang ist so subtil, daß er Ihnen zunächst nicht auffällt; dennoch ändern sich Ihre Gedanken, Ihre Gefühle und Ihr Stoffwechsel. Da ein Baum nicht den Schwankungen des menschlichen Ichs unterworfen ist, hat er ein gleichmäßigeres Energiemuster und kann uns helfen, unsere Reaktion zu verstehen.

Das Energiefeld eines Baumes hat Schichten, die verschiedene Rhythmen widerspiegeln. Mit etwas Übung können die meisten Menschen diese Unterschiede spüren, wenn auch nicht jeder das gleiche empfindet. Der Grundrhythmus der meisten Bäume ist der jährliche Zyklus des Wachstums und der Erneuerung im Laufe der Jahreszeiten. Daneben gibt es noch den Tag-und-Nacht-Rhythmus, der seinen Gipfelpunkt bei Sonnenuntergang erreicht. Jeder Baum hat zudem seine eigenen, verborgenen Rhythmen.

Sie können diese Rhythmen besser wahrnehmen, wenn Sie auf Ihren Atemrhythmus achten. Mit der Zeit können Sie sagen, ob Ihre Atmung ruhig, ängstlich, nervös, gehemmt oder frei ist, und Sie können den Rhythmus eines Baumes „hören“, so wie Sie Ihren Atemrhythmus hören.

Die Übungen mit Tönen und Bewegungen (Seite 75) helfen Ihnen außerdem, sich auf die Rhythmen eines Baumes einzustimmen. Meist nehmen wir jene Rhythmen zuerst wahr, die den unseren ähnlich sind. Um einen Schritt weiterzugehen, sollten Sie die Übungen wiederholen und auf verschiedene Rhythmen achten. Dann fällt es Ihnen leichter, den Baum und sich selbst zu erforschen.

FALLBEISPIEL

„Kaum hatte ich mich an die Kiefer gelehnt und mich entspannt, packte mich ein starkes Gefühl - als atmete ich durch die Wirbelsäule vom Steißbein bis zum Hals. Ab und zu wich diese sehr direkte Bewegung einer anderen Atmung, einer zweifachen, viel schwächeren Bewegung von unten links nach oben rechts und umgekehrt. Vielleicht sollte dieses Erlebnis mir den Unterschied zwischen der Einheit des Lebens und der Dualität meines Bewußtseins zeigen."

Ein Seminarteilnehmer

ÜBUNG 21:
DAS ENERGIEFELD EINES BAUMES SPÜREN

Diese Übung hilft Ihnen, das Energiefeld eines Baumes wahrzunehmen.

❶ *VORBEREITUNG*

Wählen Sie einen Baum aus, zu dem Sie sich hingezogen fühlen. Umarmen Sie ihn, und achten Sie auf die Empfindungen in Ihrem Körper. Legen Sie dann die Hände flach auf den Stamm, entweder auf Schulterhöhe oder - bei entspannt hängenden Armen - in Höhe der Oberschenkel.

❷ *DAS FELD WAHRNEHMEN*

Entfernen Sie nun die Hände langsam vom Baum. Lassen Sie dabei die Augen geschlossen, und konzentrieren Sie sich weiter auf die Handflächen. Spüren Sie ein Prickeln, ein Vibrieren? Machen Sie weiter, bis dieses Gefühl verschwindet - dann haben Sie die Grenze des Energiefeldes erreicht.

❸ *DIE SCHICHTEN SPÜREN*

Legen Sie die Hände erneut auf den Stamm, und wiederholen Sie Phase 1. Wenn Sie die Hände entfernen, spüren Sie darin eine Veränderung, die vielleicht intensiver wird oder ihre Qualität ändert. Das ist die Übergangszone zwischen den Schichten. Achten Sie auf Ihre Empfindungen, bis Sie die Zonen erkennen.

❹ *DIE WIRKUNGEN SPÜREN*

Stellen Sie sich vor eine Übergangszone – die Hände bleiben mit ihr in Kontakt –, und achten Sie darauf, wie Ihr Körper reagiert. Gehen Sie dann mit dem ganzen Körper in die Zone – was geschieht?

❺ *INTEGRATION*

Lehnen Sie sich im Sitzen an einen Baum, oder legen Sie sich neben ihn. Achten Sie auf Ihre Gefühle, Gedanken, Bilder, Erinnerungen oder neuen körperlichen Empfindungen.

Je häufiger Sie diese Übung machen, desto tiefer dringen Sie in die Geheimnisse des Energiefeldes ein.

Die Übungen 21 und 22 helfen Ihnen, die Schichten des Energiefeldes aufzuspüren. Wenn Sie diese Schichten erforschen, können Sie Ihren Energiekörper leichter wahrnehmen.

ÜBUNG 22: *STIMMEN SIE SICH MIT HILFE EINES BAUMES AUF IHRE ENERGIEKÖRPER EIN*

Die sieben Phasen dieser Übung entsprechen den sieben Bewußtseinsebenen. Wenn Sie genau hinsehen, fällt Ihnen auch die Analogie zu den sieben Einstellungen auf (Seite 34–35).

❶ *WÄHLEN SIE EINEN BAUM*
Siehe Übungen 10 und 11 auf Seite 64–65.

❷ *SUCHEN SIE EINEN GÜNSTIGEN PLATZ*
Sie können stehen oder sitzen, sich dem Baum zuwenden oder mit dem Rücken an ihm lehnen.
Ist ein Teil des Baumes besonders einladend? Das ist ein erster Schritt in der Kommunikation mit dem Baum.

❸ *SIE WARTEN - ABER NICHTS GESCHIEHT*
Dieser Eindruck ist ein unvermeidlicher Teil jedes Wandels. Gefühle und Zweifel füllen die Leere: „Was tue ich hier? Warum spüre ich nichts?“ Der Geist schweift ab, alte Erinnerungen melden sich aus dem Nichts, die Phantasie nimmt die Zukunft vorweg. Jetzt müssen Sie einfach warten, anstatt etwas zu erwarten.

❹ *ACHTEN SIE AUF KÖRPERLICHE EMPFINDUNGEN*
Sie können das Chaos nur beseitigen, indem Sie in die Gegenwart zurückkehren. Achten Sie auf die Empfindungen Ihres Körpers; sie sind anfangs am auffälligsten. Doch allmählich stellen sich subtilere Gefühle ein.

❺ *DER KONTAKT IST HERGESTELLT*
Schließlich spüren Sie, daß der Kontakt mit dem Baum hergestellt ist.
Jetzt tauchen unerwartete und überraschende Gefühle auf.

❻ *GENIESSEN SIE DIE EMPFINDUNGEN*
Erforschen und genießen Sie Ihre Empfindungen. Der Geist versucht immer noch, sie zu analysieren, zu erklären und einzuordnen; aber wenn Sie ihn dazu bringen, nur zu beobachten, kann Ihr fühlendes Selbst sich auf das tatsächliche Geschehen konzentrieren.

❼ *SIE UND DER BAUM BEGEGNEN SICH*
In dieser Phase wird das Erlebnis oft mystisch. Sie empfinden Frieden, Sie sind eins mit dem Baum und mit der Natur. Alle, denen das widerfahren ist, kommen mit Freudentränen zurück und können das Geschehene nicht in Worte fassen. Das Erlebnis dauert vielleicht nur wenige Augenblicke; aber Sie werden sie nie vergessen.

Erwarten Sie nicht, daß jede Phase der Erfahrung gleich lang dauert oder daß Sie immer sämtliche Phasen durchlaufen. Es kann sein, daß Sie heute in Phase 2 steckenbleiben, weil Sie keine bequeme Position finden, und daß Sie morgen Probleme mit Phase 3 haben, weil Sie ihren Gedankenfluß nicht bremsen können. Der oben beschriebene Prozeß soll eine Leitlinie sein und Ihnen zeigen, wo Sie sich auf der ansteigenden Spirale des Bewußtseins befinden. Eines Tages wird das Transzendente Sie unwiderstehlich nach oben ziehen.

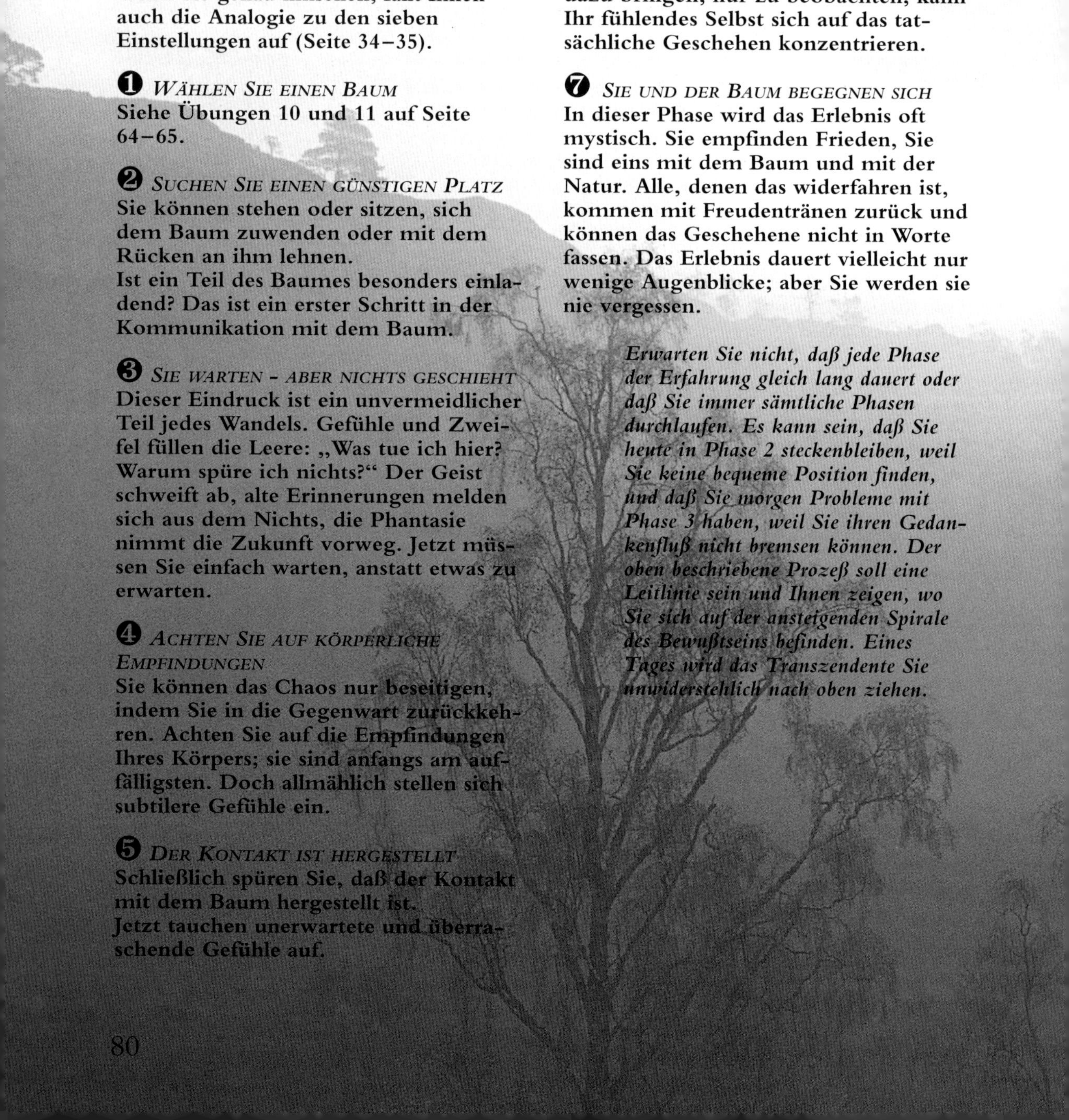

Übung 23: *Ihre Energiekörper begegnen dem Baum*

Jeder Kontakt zwischen lebenden Wesen ist auch eine Begegnung von Energiekörpern. Dieser Vorgang ist uns meist nicht bewußt; aber mit dieser Übung können Sie ihn erforschen.

❶ Sie stehen etwa zehn Meter vor einem Baum, legen eine Augenbinde um und gehen langsam auf den Baum zu. Versuchen Sie nicht, sich an seinen Standort zu erinnern, sondern verlassen Sie sich auf Ihren Richtungssinn. Achten Sie auf alles, was in Ihrem Körper und in der Umgebung vorgeht.

❷ Wenn Sie diese Übung einige Male gemacht haben, können Sie sie erweitern: Gehen Sie mit verbundenen Augen zwischen vielen Bäumen hin und her, und werden Sie sich ihrer Gegenwart bewußt. Dabei sollte ein „Schutzengel“ (siehe Seite 69) Sie begleiten und Ihnen hinterher sagen, wie nahe Sie den Bäumen gekommen sind. Selbst mit einer Augenbinde gehen manche Menschen sofort auf einen Baum zu und meiden einen anderen. Fragen Sie also Ihren Partner, welchem Baum Sie nahe waren und welchem Sie ausgewichen sind. Wenn Sie Zeit haben, gehen Sie zu einigen Bäumen zurück, und wenn Sie spüren, wie sie sich unterscheiden, überlegen Sie, warum Sie einige von ihnen meiden und andere kennenlernen wollten.

Aggression und Entspannung. Das Chaos der Gefühle legt sich, wenn die Begegnung mit dem anderen vorbei ist, der möglicherweise das gleiche durchgemacht hat. Es kann auch sein, daß Sie in ähnlichen Situationen einmal ängstlich, ein andermal furchtlos sind.

Wenn Sie das Energiefeld eines Baumes betreten, spielt sich ein vergleichbarer Dialog ab, jedoch unbewußt. Die Realität des Augenblicks ist die Folge der Begegnung zweier Energiefelder. Das Energiefeld jedes Menschen verändert sich unaufhörlich, manche Aspekte schneller, manche langsamer.

Nur weil bestimmte Einstellungen sich sehr langsam herausbilden, nehmen wir an, daß unsere innere Welt dauerhaft ist. Bei jeder Begegnung mit einem Baum bringen wir also eine andere Version unseres Selbst mit, und darum gleicht keine Begegnung der anderen.

Mit Hilfe der Übungen in diesem Kapitel haben Sie herausgefunden, daß jeder Baum ein Energiefeld und eine bestimmte Form hat. Die Form spiegelt seine vorherrschende innere Qualität wider. Einige Aspekte dieser Qualität können wir mit den Sinnen erfassen, andere sind so subtil, daß wir sie nur wahrnehmen, wenn wir uns auf die inneren Rhythmen des Baumes einstimmen und wenn wir uns unserer eigenen inneren Rhythmen – Atmung, Töne und Bewegung – bewußt sind.

Im nächsten Kapitel befassen wir uns mit den Qualitäten von neun verschiedenen Baumarten, aus denen ich nach einem besonderen Verfahren Öle herstelle. Diese Öle enthalten die wichtigste Qualität jedes Baumes und machen sie uns als Hilfe auf unserem Lebensweg zugänglich.

Kapitel 4

Die heilenden Energien

Während der Monate, die wir im Wald verbrachten, bemerkten meine Frau und ich, daß Schmerzen oft verschwanden, wenn wir nur ein paar Minuten an einem Baum saßen. Zweifellos bestand ein Zusammenhang zwischen dem körperlichen Wohlbefinden und dem Baum, wenn auch nicht immer etwas Dramatisches geschah. Auf jeden Fall hatten wir in der Nähe bestimmter Bäume andere körperliche Empfindungen. Die Wirkung der Bäume beschränkte sich jedoch nicht auf den Körper, sondern erstreckte sich auch auf die Seele: Manche Bäume machten uns ruhig oder aufgeregt, bei anderen fühlten wir uns sicher oder fröhlich.

Dank unserer Beobachtungen identifizierten wir schließlich neun Bäume, deren Qualitäten die Gesundheit und das Wohlbefinden fördern. Wenn Sie mit ihren Energien arbeiten, können Sie Ihr tägliches Leben bereichern, Blockaden in den Energiekörpern beseitigen und die Verbindung mit dem höheren Selbst verbessern. Sie können Ihr Selbstwertgefühl und ihr Selbstvertrauen stärken, aufgeschlossener werden und die Last der Vergangenheit abwerfen.

Wie bereits erwähnt, hat jede Baumart ihre spezielle Qualität, die bei uns bestimmte Empfindungen hervorruft, zum Beispiel Ruhe oder Selbstvertrauen. Diese Qualitäten spiegeln sich im Aussehen des Baumes wider: in der Form des Stammes, in der Rinde, im Laub, im Lebensraum. Bei jeder Begegnung mit einem Baum reagiert Ihr Energiefeld auf seines und paßt sich ihm an.

Wenn Sie auf die inneren Rhythmen und das Energiefeld eines Baumes eingestimmt sind, können Sie die darin enthaltenen Informationen aufnehmen und die gleiche Qualität in Ihrem Inneren wachrufen.

Die Qualitäten mancher Bäume sind für uns nicht sonderlich wichtig; aber andere haben großen Einfluß auf unsere Gesundheit und unser Wohlbefinden. Meine Frau und ich identifizierten diejenigen, die für uns am nützlichsten sind, und teilten unsere zahlreichen Beobachtungen und Erfahrungen mit anderen.

Die Birke strahlt Sanftheit aus. Die Buche wird niemals von Parasiten überwältigt, weil ihre Selbstsicherheit das verhindert. Der Weißdorn paßt sich jeder Situation an und wächst sogar neben anderen Bäumen - er läßt sich weder von ihnen ersticken, noch schadet er ihnen. Die Fichte, ein großer Baum mit geradem Stamm, hat etwas Fließendes an sich. Die Hundsrose verkörpert Offenheit. Kiefern haben eine besondere Verbindung zum Licht. Wir wählten auch den Buchsbaum aus, der das ganze Jahr über mehr oder weniger gleich aussieht; den Walnußbaum, der nicht im Wald, sondern allein wächst und seinen eigenen typischen Rhythmus hat; sowie den Ginster, der mit einer Flut von sonnengelben Blüten zum Leben erwacht.

Die Energien dieser neun Bäume sind oft eine wertvolle Hilfe bei Krankheiten oder Krisen (siehe Kapitel 2). Die Methoden und Übungen, die Sie benötigen, um mit den Energien dieser Bäume zu arbeiten, sind in Kapitel 5 beschrieben.

Baumöle

Als wir die neun Bäume mit den nützlichsten Eigenschaften identifiziert hatten, suchten wir nach Wegen, diese wertvollen Qualitäten auf ein anderes Medium zu übertragen, damit sie uns besser zugänglich waren. Wir beschlossen, Öl zu verwenden, das eine komplexe Struktur hat und verschiedene Energien sowohl aufnehmen als auch lange speichern kann.

Es gelang uns, die Baumenergien in das Öl zu transferieren. Wir bereiten zunächst eine Tinktur als Basis zu, indem wir Teile des Baumes in Öl und Wasseremulsion einweichen. Der Baum wird dabei nicht verletzt. Die Tinkturen stellen wir in der Jahreszeit her, die für den jeweiligen Baum am günstigsten ist, und der Salzgehalt des Öls und der Wasseremulsion entspricht der Energie des Baums so genau wie möglich.

Diese Tinkturen werden mit Öl aus organisch angebauten Pflanzen vermischt. Das Öl wird dann bei geeignetem Wetter solarisiert (es absorbiert Energie von der Sonne). Dabei paßt die Energiestruktur des Öls sich dem Energiemuster der Tinktur an. Manchmal bildet sich nach einigen Stunden ein zähflüssiges Plasma, das in jedem Öl eine andere Form hat (siehe Seite 93), oder die Farbe verändert sich leicht - sie variiert bei den neun Ölen von hellgelb bis dunkelgold.

Die Öle sind komplexe Energiestrukturen, die mit dem Energiefeld der Baumart verbunden sind. Für dieses Phänomen gibt es bisher keine wissenschaftliche Erklärung. Daraus können wir schließen, daß wir noch viel zu lernen haben und daß die Wirkungen der Öle auf eine größere Wirklichkeit hindeuten.

Die Anwendung der Öle

Wenn wir einem Baum begegnen, reagiert unser Energiefeld und paßt sich dem des Baumes an. Die Baumöle haben die gleiche Wirkung: Das menschliche Energiefeld reagiert auf die Energiemuster des

Öls und stimmt sich darauf ein. Wir wissen, wie viele Vitamine und Mineralien wir brauchen; aber wir können nicht sagen, daß jemand 150 ml Freiheit oder 10 ml Sanftheit benötigt. Welche Qualität Sie zu einer bestimmten Zeit brauchen, ist in Ihrem höheren Selbst verborgen, und das Ich läßt dieses Wissen oft nicht durch. Die Behandlung mit dem Öl ruft jedoch die entsprechende Qualität in Ihrem Inneren wach.

Sie können Baumöle schlucken, ins Bad geben oder zum Einreiben verwenden. Meist trägt man sie direkt auf einen Körperteil auf. Wenn Sie körperliche Schmerzen empfinden, so sind diese immer die Folge einer Störung des Energiefeldes, und es besteht immer ein Zusammenhang zwischen dieser Störung und der Stelle, an der die Symptome auftreten. Wenn Sie also das Öl auf die schmerzende Stelle auftragen, behandeln Sie die Beschwerden auf der feinstofflichen Ebene.

Die Störung des Energiefeldes ruft zudem ein Schwingungsmuster hervor, das sich in den Chakren widerspiegelt, und zwar entsprechend ihrer Einflußsphäre (siehe Seite 44). Sie können daher einen bestimmten Aspekt einer Störung gezielt behandeln, indem Sie das Öl auf ein Chakra auftragen.

Auf den folgenden Seiten porträtiere ich die neun Bäume und ihre Qualitäten sowie die Wirkungen ihrer Energien. Sie können mit diesen Energien arbeiten, wenn Sie die in Kapitel 3 und 5 beschriebenen Übungen machen oder wenn Sie die Baumöle anwenden. Bei jedem Baum gebe ich auch die Wirkung des Öls auf die Chakren an.

Wo Sie Öle kaufen können, erfahren Sie auf Seite 160.

Ein dickflüssiges Plasma (siehe rechts) kann aufgrund der Mischung von ursprünglicher Tinktur und Basisöl während der Solarisation auftreten (siehe Seite 91).

Die Birke

QUALITÄTEN:
SANFTHEIT
VERSÖHNUNG

Es gibt etwa vierzig Arten von Birken (*Betula*). Sie sind an ihrer glatten weißen Rinde und dem hellen Laub leicht zu erkennen. Die schlanken Äste der Birke sehen zart aus, und die feinen Blätter flattern elegant in der leisesten Brise. Im Winter trägt die Birke Früchte, die an Kätzchen erinnern. Die Hängebirke (*Betula pendula tristis*) wächst in leichtem, sandigem Boden; andere Birkenarten gedeihen auch in kargem Boden. In allen Phasen ihrer Entwicklung hat die Birke eine harmonische Form.

Im gemäßigten Klima wachsen Birken nach einer Naturkatastrophe (z. B. Erbeben oder Vulkanausbruch) als erste, sogar wenn Radioaktivität freigesetzt wurde. Alle ihre Merkmale weisen auf Sanftheit und Lieblichkeit hin; dennoch ist der Baum nicht schwach, und unter der zarten, sich schälenden Rinde befindet sich hartes, robustes Holz.

Wenn wir unter einer Birke sitzen, empfinden wir Frieden und erinnern uns daran, daß das Leben nicht nur ein Kampf ist, sondern auch harmonisch und angenehm sein kann. Hier können wir unsere Lasten abwerfen und akzeptieren, was das Leben uns zu bieten hat.

Die Energien der Birke

Die Birke strahlt Sanftheit aus, mit der man einen Schock behandeln kann:

- körperliche Schocks wie Verletzungen, Verbrennungen oder starke Schmerzen
- seelische Schocks von kleinen Problemen (z. B. unerwartete Neuigkeiten) bis zu schweren Schocks (z. B. Trennung oder Todesfall)

Die Birke kann auch versöhnen. Sie hilft uns, ruhiger zu werden, und verbessert dadurch unsere Beziehung zu anderen und zu uns selbst.

Verspannungen lindern

Schmerzen in den Schultern, in den Kiefern oder im Magen sind oft auf Verspannungen zurückzuführen, weil die Energie des Lebenskampfes sich dort konzentriert. Die Sanftheit der Birke lindert Schmerzen, deren Ursache Streß ist.

Das Männliche mit dem Weiblichen versöhnen

Im Alltag neigen wir meist dazu, männliche Energien (die Willenskraft) zu nutzen und die sanfteren weiblichen Energien zu vernachlässigen. Dir Birke hilft uns, diese beiden Aspekte unseres Selbst zu versöhnen, so daß wir effektiver arbeiten können.

Heftige Emotionen dämpfen

Emotionen wie Wut oder Furcht können uns oftmals überwältigen. Wir reagieren darauf mit Schuldgefühlen oder mit noch größerer Wut oder Furcht. Die Energie der Birke hilft uns, Frieden mit uns selbst zu schließen.

FRIEDEN MIT DER WIEGE DES LEBENS SCHLIESSEN
Beschwerden bei Frauen können die Folge seelischer Wunden sein, die Abtreibungen, Fehlgeburten, schmerzhafte Menstruationen usw. zurückgelassen haben. Die Birke hilft uns, solche Probleme zu erkennen und die Einstellung zu ihnen zu ändern.

MIT DEM WANDEL FERTIG WERDEN
Operationen oder Unfälle können den Körper dauerhaft verunstalten. Die Birke hilft uns, damit fertig zu werden.

WIRKUNGEN AUF DIE CHAKREN

STIRN
mehr Sanftheit beim Nachdenken

HALS
ruhigerer Selbstausdruck

HERZ
Wunden heilen, Güte zu anderen und zu uns selbst

SOLARPLEXUS
die Wirkung von Gefühlen dämpfen

HARA
Frieden mit sich selbst

DAS ICH BÄNDIGEN
Die Birke hilft uns, das Ich zu bändigen (wenn wir es durchschauen, sind wir nicht mehr sein Opfer). Dann hat das höhere Selbst mehr Raum.

Die Buche

Die Buche (*Fagus*) ist einer der eindrucksvollsten Laubbäume. Ihr gerader Stamm gleicht einer Säule, und sie wird bis zu 45 Meter hoch. Buchen haben eine majestätische Kraft und eine gelassene Stabilität. Ihre Wurzeln breiten sich weit aus, reichen aber nicht tief, als ob der Baum von seinem Selbstbewußtsein gestützt würde.

Die Buche wächst auch zwischen Bäumen anderer Art. Sie wächst schnell und wird überaus robust.

Die Buche schreckt Schädlinge ab, selbst Efeu und Misteln. Aus ihrem Holz extrahiert man Kreosot, ein antiseptisches Harz.

In manchen Gegenden Frankreichs glauben die Leute, die Buche schütze vor Blitzschlägen.

Das Holz der Buche ist dicht und schwer zu bearbeiten, und es läßt sich nicht biegen.

Wir müssen stark und selbstsicher wie die Buche sein, wir müssen die Quelle jener inneren Kraft finden, die Konflikte löst, indem sie Ruhe und Sicherheit ausstrahlt.

Die Fichte

QUALITÄT: FLIESSEN

Die Familie der Fichten (*Abies*) umfaßt etwa fünfzig Arten, die alle symmetrisch wachsen und einen geraden Stamm haben. Fichten wachsen schnell und werden bis zu 60 Meter hoch. Wird die Spitze des Stammes abgeschnitten oder geknickt, wird der Baum nicht etwa breiter, sondern treibt einen neuen Schößling und wächst wieder nach oben. Die Wachstumsenergie kommt also aus der Krone des Baumes, wo die Zapfen (sie enthalten den Samen) in Büscheln hängen. Der Saft hat die gleiche vertikale Dynamik und wird vom Boden bis zum Wipfel befördert.

Der Stamm hat oft sehr wenig Äste, vor allem im dunklen, dichten Wald oder in Baumschulen. Für die Fichte ist es offenbar nur wichtig, die Wurzeln fest im Boden zu verankern und die Krone dem Licht des Himmels zuzuwenden. In Westeuropa wird die Fichte mit der Geburt eines Kindes in Zusammenhang gebracht, denn bei einer Geburt verbindet sich das Licht des Himmels mit dem Leben auf Erden. Dieses Band zwischen dem Spirituellen und dem Materiellen ist die Domäne der Fichte, sie knüpft es mit Hilfe ihrer fließenden Energie.

FICHTEN-ENERGIE
Die Fichte ist ständig in Bewegung und fördert das Fließen der Energie in den feinstofflichen Körpern. Das ist nützlich bei Blockaden und Durchblutungsstörungen.

**WICHTIGSTE BOTSCHAFT:
LOSLASSEN**

LEICHTER ATMEN

Die Lungen sind mehr als Säcke, die wir mit Luft füllen. Unsere Atmung verrät, wer wir sind und welche Blockaden unsere körperlichen Symptome verursachen:

● Kurze, ungleichmäßige Atemzüge sind typisch, wenn wir unruhig oder ängstlich sind oder uns unbehaglich fühlen.

● Wenn wir nur mit dem oberen Teil des Brustkorbs atmen, verlassen wir uns zu sehr auf den Verstand, anstatt das Leben tiefer zu ergründen.

● Eine schwere Atmung zeigt, daß wir alles im Griff haben wollen. Die Ursache ist ein starkes Ich, und/oder Angst vor dem Loslassen.

Die fließende Energie der Fichte wirkt auf zwei Ebenen: Sie erleichtert die Atmung und löst Blockaden in den Energiekörpern.

Wirkungen auf die Chakren

Stirn
Zugang zum höheren Selbst

Hals
die Lebenskraft kann sich natürlich und fließend ausdrücken

Herz
die Liebe in Ihnen zeigt sich in allem, was Sie tun

Solarplexus
Gefühle nicht unterdrücken

Hara
Verbindung mit der Quelle des Lebens

Mit überwältigenden Gefühlen fertig werden

Wenn Gefühle geweckt werden, verändert sich die Atmung. Die Fichte unterstützt die Atmung und hilft uns, mit überwältigenden Gefühlen fertig zu werden.

Blockaden lösen

Beschwerden, deren Ursache scheinbar Stauungen im physischen Körper sind – z. B. schwere Beine oder schlaffe Eingeweide –, sind möglicherweise auf Blockaden in den Energiekörpern zurückzuführen. Die Fichte hilft uns, solche Blockaden zu lösen, damit die Energie wieder ungehindert fließen kann.

Die Kiefer

Es gibt über hundert Arten von Kiefern (*Pinus*). Wenn Sie in der Dämmerung in einen Mischwald gehen, haben Sie den Eindruck, als hielten die Kiefern das Licht fest. Das Laub anderer Bäume ist im Dunkeln kaum sichtbar, während Kiefernäste und -stämme noch leuchten. Die Kiefer ist ein Baum des Lichts und der Sonne; selbst ihre Rinde kann Licht einfangen. Die rasch wachsenden, glänzenden Nadeln erinnern uns daran, daß das Licht die Quelle des Lebens auf der Erde ist. Die Kiefernzapfen enthalten die Samen des Baumes und sind ebenso vital.

Die Kiefer hat sowohl männliche als auch weibliche Blüten und ist daher selbstbefruchtend - also in gewissem Sinne Trägerin des Lebens. Attis, der Gott der Fruchtbarkeit, einst in Kleinasien und in Griechenland verehrt, wurde mit einer heiligen Kiefer in Verbindung gebracht, die starb und wieder zum Leben erwachte.

Kiefern sind anspruchslos und können fast von nichts leben. Sie wachsen im kärglichsten Boden, sogar auf nahezu kahlen Felsen, als sorge das Licht für ihre Bedürfnisse. Das erinnert uns daran, daß auch wir zwar in der Erde verwurzelt sind, aber das Licht des Himmels brauchen, um zu überleben.

Weißdorn

QUALITÄT:
ORIENTIERUNG

Der Weißdorn (*Crataegus*) lebt oft mehrere hundert Jahre und wächst dabei von einem Busch zu einem richtigen Baum heran.

Bäume, die nahe beieinander wachsen, formen sich gegenseitig: Entweder wachsen sie voneinander weg, oder sie verschmelzen scheinbar zu einem einzigen Baum. Der Weißdorn hat einen anderen Weg gefunden. Er stört andere nicht und läßt sich von anderen nicht stören - er weiß sich immer anzupassen und sein eigenes Leben zu führen.

Darum hat er keine typische Form. Manche Bäume sind rund, andere pfeil- oder fächerförmig. Diese Anpassungsfähigkeit hat 35 Weißdornarten hervorgebracht, die auf vielen verschiedenen Böden wachsen.

Wichtigste Botschaft:
In der Gegenwart leben

Die Energie des Weissdorns
Weißdorn ist anpassungsfähig. Wenn wir das Gefühl haben, in verschiedene Richtungen gezogen zu werden, hilft er uns, das Zentrum wiederzufinden.

In Harmonie mit sich selbst
Die Anforderungen des Alltags lösen in uns das Gefühl aus, „nicht ganz da" zu sein. Wenn wir in Harmonie mit uns selbst leben, kann uns nichts aufregen. Die Energie des Weißdorns hilft uns, diese zu finden.

Im Körper „zu Hause" sein
Viele Menschen haben den Kontakt zu ihrem Körper verloren, weil sie sich in die Schablonen der Gesellschaft oder der Mode zwängen.
Der Körper ist jedoch die Wohnung der Seele und kann uns viel über unser Selbst lehren, sofern wir in ihm zu Hause sind und ihm zuhören. Dabei hilft uns der Weißdorn.

In der Gegenwart sein
Wir leben viel zu oft zwischen Vergangenheit und Zukunft. Aber wir müssen in der Gegenwart sein, um mit der Wirklichkeit und allen Chancen, die sie uns bietet, Kontakt aufzunehmen. Der Weißdorn macht es uns leichter, im Jetzt zu bleiben.

Wirkungen auf die Chakren

Stirn
konzentrieren, Gedanken sammeln

Hals
sich selbst ausdrücken können

Herz
Selbst- und Nächstenliebe

Solarplexus
nicht von Gefühlen zerrissen werden

Hara
seine eigene Mitte wiederfinden

Entscheidungen treffen
Wenn wir von unserem Selbst abgeschnitten sind, suchen wir bei anderen Rat und Hilfe für unsere Probleme. Die Energie des Weißdorns bringt uns mit unserer inneren Weisheit in Verbindung, so daß wir die richtige Entscheidung treffen können.

Die Hundsrose

Der Stamm und die Äste der Hundsrose (*Rosa canina*) haben keine charakteristische Form. Die Energie des Baumes fließt hauptsächlich in die Blüten hinein.

Viele Pflanzen blühen tage- oder wochenlang, wenn sie reif sind.

Die Blütenblätter der Hundsrose fallen dagegen zu Boden, sobald die Blüte sich vollständig geöffnet hat.

Eine Hundsrose, deren Blütenpracht wir bewundern, ist wenige Stunden später verblüht. Aber bald folgen neue Blüten, und obwohl sie schnell absterben, ist die Blütezeit lang, weil diese Pflanze sich ohne Unterlaß öffnet.

DIE ENERGIEN DER HUNDSROSE

Schon als kleine Kinder gewöhnen wir uns an Etiketten: „Du kannst nicht zeichnen", „Du bist faul". Mit der Zeit glauben wir an diese Urteile und halten es für unmöglich, uns zu ändern. Manchmal sind solche Etiketten bequem, weil sie Fehler entschuldigen und Charakterzüge erklären, die uns nicht gefallen.

Das Problem sind nicht solche Urteile, sondern unsere Reaktion darauf. Wenn wir daran glauben, machen wir uns ein geistiges Bild, das uns einengt und begrenzt.

Die Offenheit der Hundsrose hilft uns, diese selbstangelegten Fesseln wieder zu sprengen.

AN PROBLEMEN WACHSEN

Wir neigen dazu, uns hinter unserem Glauben zu verstecken und der Realität auszuweichen. Darum denken wir, daß Probleme von außen kommen und daß wir sie bekämpfen müssen. Alle Probleme oder Krankheiten fordern uns jedoch auf, nach tieferen Einsichten zu streben. Die Hundsrose hilft uns, offen zu bleiben und einen neuen Blickwinkel zu finden. Was wir heute für ein ernstes Problem halten, ist morgen keines mehr.

Wirkungen auf die Chakren

Stirn
geistige Grenzen überschreiten

Hals
Selbstausdruck, Offenheit

Herz
Liebe zeigen

Solarplexus
offen für die eigenen Gefühle sein

Hara
offen zu sich selbst sein

Spannungen lösen

Verschlossenheit kann sich körperlich auswirken:

- zusammengepreßte Lippen und verkrampfte Kiefer
- gerunzelte Stirn
- hochgezogene Schultern
- Verspannungen im Bauch oder Gesäß

Alle diese Symptome sind ein Indiz für ein verschlossenes Selbst. Überlegen Sie, wann sie auftreten: nach welchen Ereignissen, Diskussionen, Gedanken? In Gegenwart bestimmter Menschen? Die Hundsrose unterstützt die wachsende Selbstbewußtheit, deren Folge Offenheit und Wohlgefühl sein kann.

Offen zu anderen sein

Ein Klischee behauptet, ein verschlossener Mensch sei egozentrisch, er rede und lächle wenig, während ein offener Mensch das Gegenteil sei. Doch diese Haltungen sind nicht fest in der Persönlichkeit verwurzelt. Wir können unter bestimmten Umständen und zu bestimmten Menschen offen oder verschlossen sein. Die Hundsrose ermutigt uns, offener zu sein.

Die ganze Wirklichkeit sehen

Wir vergeuden oft geistige Energie, weil wir uns vorstellen, „wie es sein könnte“, und wir glauben, daß Krankheiten oder Probleme uns daran hindern, glücklich zu sein.
Wir fliehen vor der Realität und setzen unsere Hoffnung auf die Zukunft, oder wir trauern der Vergangenheit nach.
Die Hundsrose hilft uns, offener zu werden, so daß wir imstande sind, die ganze Wirklichkeit zu sehen.

Der Buchsbaum

Der Buchsbaum (Buxus) wächst in verschiedenen Klimazonen und Böden. Obwohl er aus dem Mittelmeergebiet kommt, findet man ihn in ganz Mitteleuropa und in Japan. Er wächst oft in der Nähe von Klöstern, an Wegkreuzen, an stehenden Steinen und an anderen Orten mit spirituellem Flair. Darum glauben manche, der Baum brauche sowohl irdische als auch kosmische Energie, um zu gedeihen. Der Buchsbaum wächst langsam und kann bis zu siebenhundert Jahre alt werden. Darum wurde er zum Symbol der Langlebigkeit. Sein Laub fällt im Herbst ab; dennoch sieht er das ganze Jahr über grün aus, weil er selbstbefruchtend ist und sich ständig erneuert. Wenn man seine Blätter abschneidet, bleiben sie monatelang grün. Dank seiner unauffälligen Blüten und Früchte bleibt sein Erscheinungsbild immer gleich, und darum symbolisiert er auch die ewige Erneuerung der Natur. Der Buchsbaum wird am Sonntag vor Ostern in der katholischen „Zeremonie der Äste" benutzt. Die Gläubigen befestigen Buchsbaumzweige an einem Kruzifix, um zu demonstrieren, daß sie an das ewige Leben glauben.

Der Walnußbaum

In der Natur wächst der Walnußbaum (Juglans) nicht in Wäldern oder Gruppen. Er steht allein in einem Feld oder neben einem Weg. Seine Unabhängigkeit drückt sich aber auch in seinen Rhythmen aus.

Alle Bäume folgen den Rhythmen der Jahreszeiten sowie des Tages und der Nacht; aber sie haben auch ihre eigenen, subtilen Rhythmen (siehe Seite 78). Der Walnußbaum hat einen ungewöhnlichen Rhythmus und strahlt eine starke, anregende Energie aus. Es ist schwierig, unter diesem Baum zu schlafen!

Das komplizierte Astwerk des Walnußbaumes spiegelt diesen Rhythmus wider. Die Walnuß ähnelt dem menschlichen Gehirn, dem Organ, das uns zu Individuen macht.

DIE ENERGIE DES WALNUSSBAUMES

Der Walnußbaum ermutigt uns, unseren eigenen Rhythmen zu folgen und ein Gefühl für Selbständigkeit und Verantwortung zu entwickeln. Wahre Unabhängigkeit kommt von innen. Wir erlangen sie, wenn wir uns nicht mehr selbst ausweichen. Wir müssen uns so sehen, wie wir sind, um innerlich frei zu werden; dann entdecken wir eine andere Wirklichkeit in uns: das höhere Selbst.

Den Beruf mit anderen Augen sehen

Für viele Menschen ist der Beruf etwas, was sie ertragen müssen, um ihre Grundbedürfnisse zu befriedigen.
Die Energien des Walnußbaumes helfen uns, unsere Arbeit unter einem breiteren Blickwinkel zu sehen, als Teil unserer Aufgabe in der Welt. So erhält der Beruf einen neuen Platz im Leben.

Wirkungen auf die Chakren

Stirn
zwischen Illusion und Wirklichkeit unterscheiden lernen

Hals
Entschlußfreudigkeit

Herz
verantwortungsbewußter lieben

Solarplexus
Gefühle in den Griff bekommen

Hara
zeigen, wer ich bin; entscheiden

Störende Gefühle überwinden

Die Gefühle, die unsere Beziehungen stören, folgen oft einem Muster, das sich ständig wiederholt. Unabhängigkeit heißt, sich mit diesen Gefühlen auseinanderzusetzen und in jedem Moment sagen zu können: „So bin ich also.“ Der Walnußbaum hilft uns, unsere wahren Gefühle und Gedankenmuster zu akzeptieren.

Beziehungen verbessern

Die Einstellung, die sich entwickelt, wenn wir mit dem Walnußbaum arbeiten, hilft uns, mit Menschen anders umzugehen. Die Veränderungen müssen nicht gewaltig sein; aber wir verspüren den Wunsch, engagiert zu handeln.

Klar sehen

Die Energien des Walnußbaumes helfen uns, in die Realität zurückzukehren, vor allem wenn wir unentschlossen sind, weil wir nicht klar sehen. Mangelnder Realitätssinn führt oft zu Störungen der Atemorgane oder des Herzens, und die Energie des Walnußbaumes fördert die Genesung.

Ginster

Es gibt verschiedene Ginsterarten (Cytisus), die jedoch einige ungewöhnliche Merkmale gemeinsam haben. Die kleinen, zarten Blätter wachsen an harten, kantigen Schößlingen oder Stämmen. Diejenigen an der Wurzel des Stamms haben drei Lappen und einen Stiel; jene an der Spitze des Stammes sind einfache Blätter ohne Stiel.

Diese Unterschiede lassen darauf schließen, daß Blätter und Stämme ursprünglich von zwei Arten stammen, die durch Kreuzung zum Ginster wurden.

Die Qualitäten des Ginsters sind also Erneuerung und Wiedergeburt, wie die hellgelben Blüten zeigen. Die Wurzeln speichern Stickstoff; sie ernähren und erneuern den Boden, in dem sie wachsen. Obwohl Ginster gut brennt, wächst er rasch nach - er steigt aus seiner Asche wie der mythische Phönix.

Kapitel 5

Heilen mit Baumenergien

Die Qualitäten eines Baumes werden in vielen Aspekten und auf vielen Ebenen sichtbar - vorausgesetzt, daß wir genau beobachten und aufrichtig wünschen, die Wahrheit des Baumes zu ergründen. Die Mühe lohnt sich, weil die Qualitäten eines Baumes in uns ähnliche Schwingungen auslösen, die weitreichende günstige Wirkungen haben: Sie fördern das körperliche, seelische und geistige Wohlbefinden und helfen uns, unsere spirituelle Natur zu erkennen.

Wenn wir einen Baum beobachten und innigeren Kontakt mit ihm aufnehmen, erfahren wir, wie unsere alltäglichen Einstellungen den Blickwinkel beeinflussen und einengen, unter dem wir die Umwelt sehen. Wir können den Alltag dem Leben annähern, von dem wir träumen, indem wir unsere alltäglichen Denkmuster überwinden. Dann sind wir weniger von den Umständen unseres Problems besessen und sehen klarer, an welchen Lebensaufgaben wir arbeiten müssen. Diese Bewußtheit ist der erste Schritt, wenn wir Grenzen überwinden wollen. Wir können also unser Leben bereichern und Alltagsprobleme transformieren.

Sich auf Baumqualitäten einstimmen

Sobald Sie den Baum gefunden haben, den Sie brauchen, müssen Sie mit ihm arbeiten. Folgen Sie dabei den Schritten 2 und 3 der Übung 11 (Seite 65). Setzen Sie sich bequem unter den Baum, entspannen Sie sich und seien Sie offen für eine neue Erfahrung. Wenn Sie bereit sind, stimmen Sie sich auf den Baum ein (mit den Übungen 18–20 auf Seite 75–76).

Die Qualitäten des Baumes, mit dem Sie arbeiten, fehlen Ihnen nicht vollständig. Wir alle besitzen auf irgendeiner Ebene die Gelassenheit, Geschmeidigkeit oder Unabhängigkeit, die wir brauchen. Sie sind entweder latent vorhanden oder für jeden offenkundig. Wenn Ihr Energiefeld sich dem des Baumes angepaßt hat, entsteht ein gemeinsames Energiefeld. Dann haben Sie den Kontakt zum Baum hergestellt und tauschen mit ihm Informationen aus. Sie spüren, welche Qualität der Baum besitzt, und finden diese Qualität auch in sich selbst.

Wenn Sie die Atem-, Bewegungs- und Tonübung machen, kann es sein, daß der Verstand und der Wille Sie daran hindern, sich dem Erlebnis wirklich zu öffnen. Vielleicht werden Sie von ihnen sogar mit falschen Ergebnissen irregeführt. Es ist nicht immer leicht zu entscheiden, ob Sie lediglich hoffen, etwas werde geschehen, oder ob Sie unbewußt einen echten Wandel herbeiführen.

Um das Beste aus diesen sehr wirksamen Übungen zu machen, sollten Sie sich die Frage stellen: „Welche Rolle spielen meine Denkmuster und mein Wille in diesem Augenblick?“ Das hilft Ihnen, sich besser zu verstehen und sich von alten Denkmustern zu lösen, so daß Sie mit der Zeit beurteilen können, ob Sie sich etwas vormachen oder ob Ihr Erlebnis echt ist. Je mehr Sie sich von diesen alten Gewohnheiten befreien, desto leichter fällt es Ihrer wahren Natur und Ihrem höheren Selbst, sich durch die Energiekörper auszudrücken. Dadurch wird die Kommunikation mit dem Baum ergiebiger.

Wieder zu Hause

Ein Tag, den Sie im Wald verbracht haben, kann Ihnen reiche Ernte bringen: Sie entdecken Neues und lernen viel über sich selbst und über die Bäume, mit denen Sie gearbeitet haben. Doch damit endet die Erfahrung nicht; sie wirkt in Ihrem Inneren und im täglichen Leben noch einige Zeit weiter. Um die Wirkung zu verstärken, sollten Sie zu Hause noch einmal über Ihre Erlebnisse nachdenken. Darauf können Sie sich vorbereiten, indem Sie etwas mitnehmen, was Sie an die Qualitäten des Baumes erinnert. Dieses Symbol kann ein Stück Rinde, ein Zapfen oder ein Blatt sein, aber auch ein Stein, der in der Nähe lag, eine Tonbandaufnahme, ein Foto oder eine Skizze. Ein geistiges Bild oder ein bestimmtes Wort, das Ihnen beim Baum in den Sinn kam, ist ebenfalls geeignet. Übung 30 zeigt Ihnen, wie Sie mit Hilfe des Symbols den Ort und Ihr Erlebnis erneut wachrufen können.

Wenn Sie den Baum verlassen, vergessen Sie nicht, ihm für das, was er Ihnen gegeben hat, zu danken, einerlei, ob Sie einen Zweig oder ein Blatt, ein geistiges Bild, eine Emotion oder eine Skizze mitnehmen.

Übung 30: Visualisierung

Das Baumsymbol kann Ihnen helfen, Ihr Erlebnis mit einem Baum wachzurufen. Entspannen Sie sich tief, und gehen Sie im Geist an den Platz im Wald.

Sehen Sie die Umgebung, hören Sie die Geräusche, riechen Sie die Düfte, spüren Sie die ganze Atmosphäre.
Denken Sie auch daran, was Sie berührt haben, und erleben Sie dergestalt Ihre Gefühle neu.

Achten Sie auf die Atmung und ihren Rhythmus.
Wie fühlen Sie sich jetzt, und mit welcher Qualität sind Sie verbunden?

Nutzen Sie diesen visualisierten Ort als neuen Standpunkt, von dem aus Sie über Probleme neu nachdenken können, oder machen Sie die Übung, um sich zu erfrischen.

Der Nutzen des Erlebnisses

Wie Sie von der Kommunikation mit einem Baum profitieren, hängt davon ab, ob Sie die feinstoffliche Botschaft seiner Qualität bereitwillig aufnehmen und auf welcher Ebene Sie Veränderungen herbeiführen. Sie können auf drei Ebenen akzeptieren und reagieren:

Veränderungen auf der ersten Ebene betreffen den physischen Körper und treten schnell ein. Vielleicht verschwinden Ihre Rückenschmerzen oder Verdauungsstörungen, wenn Sie ein paar

Minuten an einem Baum gesessen haben. Erfahrungen dieser Art sind so verblüffend, daß manche sie für Magie halten; sie kommen selbst dann vor, wenn Sie gar nichts erwarten oder eine vorgefaßte Meinung haben.

FALLBEISPIEL
Monique, eine Therapeutin, verordnete einer Patientin Walnußbaumöl. Die Frau wußte nichts von den Qualitäten der Baumöle. Nach einem Monat berichtete die Patientin, sie habe nichts Besonderes gespürt, das Öl aber regelmäßig benutzt. Während dieses Monats hatte sie einige wichtige Entscheidungen getroffen. Unter anderem hatte sie ihren Beruf als Steuerberaterin aufgegeben, zu dem ihr Vater sie gedrängt hatte, und ließ sich nun zur Sozialarbeiterin ausbilden, was sie immer gewollt hatte.
Als Monique ihr erklärte, daß Unabhängigkeit die Qualität des Walnußbaumes sei, war die Patientin verblüfft. Sie hatte ihr ganzes Leben umgekrempelt, ohne zu ahnen, daß ein Zusammenhang mit den im Öl enthaltenen Qualitäten bestand.

Die zweite Reaktionsebene sind die Gefühle. Vielleicht sind Sie verwirrt; aber wenn Sie eine Stunde an einem Baum gesessen haben, entwirrt sich eine scheinbar verzwickte Situation von selbst und Sie sehen klarer.

Die dritte Ebene beeinflußt die tieferen Bereiche des Bewußtseins. Der Kontakt mit den Qualitäten des Baumes gibt Ihnen neuen Elan und neue Kraft, so daß Sie blockierte Lebensenergie aufspüren und beseitigen können. Nach einer solchen Erfahrung haben Sie vielleicht das Gefühl, daß Sie innerlich reagieren, ohne zu wissen wie. Einige Tage später befinden Sie sich in einer vertrauten, schwierigen Situation und stellen überrascht fest, daß Sie diesmal anders darauf reagieren, vielleicht ohne zu ahnen, daß dies auf einen inneren Wandel zurückzuführen ist (siehe Fallbeispiel links).

Wenn Sie merken, daß sich auf einer tiefen Ebene etwas verändert hat, überlassen Sie es der neuen Energie, ihren Weg zu finden, selbst wenn Sie nicht wissen, was vorgeht. Nehmen Sie sich Zeit, und ruhen Sie sich aus – dieser Prozeß kann Sie am Anfang müde machen.

Der Umgang mit Gefühlen

Die Arbeit mit Baumenergien kann eine tiefgreifende Wirkung auf die Psyche haben. Vielleicht geraten Sie in einen inneren Aufruhr, der Sie überwältigt und mit dem Sie nicht fertig werden. Der Umgang mit solchen Gefühlen ist leichter, wenn Sie darauf vorbereitet sind. Denken Sie daran, daß der Wandel kein geradliniger Prozeß ist, sondern eher eine Spirale (siehe Seite 55), und daß Sie jedesmal einen „Sprung" auf eine neue Ebene machen, wenn es zu einer Transformation kommt. Phasen der seelischen Verwirrung lassen auf eine solche Transformation schließen. Wenn wir es zulassen, daß unsere alte innere Struktur Sprünge bekommt, wächst darin die Saat des Neuen. Vielleicht neigen Sie dazu, Probleme wie ein „Bauer" oder „Biologe" anzupacken, oder Sie verlieren eine Zeitlang die Richtung, wenn Sie anfangen, wie ein „Schamane" oder „Mystiker" vorzugehen. Doch nach und nach genießen Sie den breiteren Blickwinkel und die tiefere Einsicht, die Sie erlangt haben. Die Einstellung zur Natur und zur Krankheit, wie ich sie auf Seite 34–35 und 40–41 beschrieben habe, sind Wegweiser, die Ihnen verstehen helfen, in welchem Stadium des Prozesses Sie sich befinden.

Wenn Sie Kontakt mit einem Baum aufnehmen, entsteht ein gemeinsames Energiefeld, in dem ein Informationsaustausch möglich ist. Alle Erfahrungen, die Sie dabei machen, sind also ein Teil von Ihnen, sie werden Ihnen nicht von einer äußeren Kraft aufgedrängt. Darum wäre es sinnlos, gegen irgendeinen Teil der Erfahrung anzukämpfen – akzeptieren und integrieren Sie ihn. Vertrauen Sie darauf, daß Sie zur Transformation fähig sind, und entspannen Sie sich. Hören Sie auch auf Ihre Energiekörper (Übung 3, Seite 46), und achten Sie auf die Atmung. Bald werden Sie erkennen, daß ein neuer innerer Frieden und eine neue Ordnung entstehen.

Manche Erfahrungen mit Bäumen mögen Ihnen unglaublich vorkommen. Vielleicht sehen Sie Farben oder Formen, oder Sie hören Stimmen. Vielleicht spüren Sie plötzlich, daß Sie eins mit dem Wald und mit dem Universum sind. Freuen Sie sich darüber, und versuchen Sie weder, solche Erlebnisse beiseite zu schieben, noch sie festzuhalten. Denken Sie darüber nach, inwiefern sie Ihr Verständnis der Natur, Ihres Selbst und des Lebens vertieft haben und was Sie in diesem Moment für Sie bedeuten.

So unterstützen Sie die Heilung

Die Qualitäten der in Kapitel 4 beschriebenen Bäume sind in verschiedenen Phasen des Heilprozesses hilfreich. Um einen Baum zu finden, der Ihnen bei einem bestimmten Problem hilft, sollten Sie zunächst prüfen, in welchem der sieben Stadien (Seite 56–60) Sie sich befinden. In der Tabelle finden Sie die Qualitäten, die in diesem Stadium hilfreich sind. Wenn der Baum, der diese Qualität besitzt, in Ihrer Gegend nicht wächst, können Sie mit Hilfe der Übungen 24 und 26 (Seite 84, 133) einen anderen Baum finden.

Stadien des Heilprozesses	Reaktion
❶ Das Problem wird sichtbar.	Ich bin schockiert, verliere das Gleichgewicht, muß die Lage neu bewerten.
❷ Das Ich wehrt sich.	Ich mache andere Leute oder äußere Faktoren verantwortlich.
❸ Was enthüllt das Problem?	Mein Verstand findet einen Weg, mein Leiden zu lindern
❹ Mit anderer Einstellung experimentieren.	Ich entdecke Verhaltensweisen, die ich ändern könnte und probiere eine neue Einstellung aus.
❺ Neue Qualitäten entwickeln sich.	Das neue Verhalten ist jetzt ein Teil von mir. Ich sehe das Problem objektiver.
❻ Neue Einstellung verändert Situation.	Die neue Situation gibt mir mehr innere Freiheit.
❼ Ich integriere das Ereignis.	Ich bin wie neugeboren, muß aber aufpassen, daß ich nicht in alte Verhaltensweisen zurückfalle.

Geeigneter Baum	Nützliche Qualitäten
Buche	Gelassenheit, Zuversicht
Fichte	Fließen
Birke	Sanftheit, Versöhnung
Weißdorn	Orientierung
Fichte	Fließen
Buchsbaum	Befreiung
Ginster	Erneuerung, Wiedergeburt
Walnußbaum	Unabhängigkeit, Verantwortung,
Buchsbaum	Kontinuität, Befreiung
Fichte	Fließen
Weißdorn	Orientierung
Hundsrose	Offenheit
Kiefer	Licht, Vitalität
Kiefer	Licht, Vitalität
Walnußbaum	Unabhängigkeit, Verantwortung
Buchsbaum	Kontinuität, Befreiung
Hundsrose	Offenheit
Ginster	Erneuerung, Wiedergeburt

Der Baum als therapeutischer Spiegel

Wenn Sie einen Therapeuten konsultieren, entsteht wie bei jeder Begegnung ein gemeinsames Energiefeld, und die Energiekörper der Beteiligten verschieben sich, um sich einander anzupassen. Ein Therapeut betrachtet die Probleme des Patienten von seiner Bewußtseinsebene aus, und jedes neue Ereignis während der Sitzung - etwa eine Frage, die Gefühle heraufbeschwört oder einen neuen Aspekt des Problems anspricht - verändert den feinstofflichen Zustand einer oder beider Personen, so daß das gemeinsame Energiefeld sich ebenfalls ändert. Übung 31 hilft Ihnen, solche Veränderungen zu erkennen.

Übung 31: Den inneren Wandel wahrnehmen

Mit dieser Übung können Sie wahrnehmen, was sich verändert, wenn Sie sich einem Baum nähern.

Wählen Sie einen Baum aus, und nehmen Sie visuellen Kontakt mit ihm auf. Achten Sie darauf, was in Ihnen vorgeht.
Legen Sie die halbe Entfernung zum Baum zurück, bleiben Sie stehen, und prüfen Sie erneut, was in Ihnen vorgeht. Nähern Sie sich jetzt dem Baum. Was hat sich verändert?

Wenn Sie diese Übung einige Male gemacht haben, wird Ihnen bewußter, wie Sie auf andere Menschen eingehen. Außerdem erfahren Sie, was in Ihrer inneren Welt und in Ihrem Körper vorgeht - beide haben es dann nicht mehr nötig, Ihre Aufmerksamkeit mit allerlei Symptomen zu erregen.

Ein Baum hat nicht die veränderlichen Gefühle und Gedanken eines Therapeuten. Während das Gleichgewicht beim Kontakt mit dem Therapeuten durch Anpassungen auf beiden Seiten aufrechterhalten wird, verändert sich während der Begegnung mit einem Baum nur der Mensch. Der Baum ist eine Konstante, die sich nicht beeinflussen läßt, und darum kehrt der Mensch unweigerlich zu sich selbst zurück. Wenn wir Kontakt mit einem Baum aufnehmen, ruft er Reaktionen in uns hervor. Wir können bei ihm bleiben, so daß seine Qualität in uns widerhallt und sich verstärkt; wir können aber auch, wenn es uns zuviel wird, der Begegnung mit unserem Selbst ausweichen.

In jedem Fall wird das Erlebnis unser Bewußtsein erweitern. Die Energie des Baumes trägt uns auf eine andere Ebene, wo menschliche Verhaltensmuster sich auflösen. Unsere Auffassung von Realität verändert sich, wenn wir die Welt und unsere Probleme aus einem neuen Blickwinkel betrachten. Gleichzeitig lernen wir uns besser kennen.

Grundlegende Aufgaben

Die folgenden neun Schritte helfen Ihnen, eine Krise oder ein Problem zu bewältigen, indem Sie, anstatt nach einer Lösung zu suchen, die Qualitäten fördern, die Sie benötigen. Eine bestimmte Baumenergie kann jeden Schritt erleichtern.

❶ Entspannen Sie sich
Ohne diesen ersten Schritt löst der Streß Aggressionen und Streit aus und unterdrückt das höhere Selbst. Öffnen Sie sich dem Frieden des Waldes.
Die Energie der Fichte hilft Ihnen, sich vom Alltag zu lösen und sich zu entspannen.

❾ Motivieren Sie sich selbst
Sobald Sie eine Entscheidung getroffen haben, müssen Sie die Verantwortung dafür übernehmen und dann handeln.
Der Walnußbaum gibt Ihnen die dafür notwendige Unabhängigkeit.

❽ Treffen Sie eine Entscheidung
Eine echte Lebensentscheidung sollte berücksichtigen, was wirklich wichtig für Sie ist, und Ihren Respekt vor Ihrem wahren Wesen vertiefen. In der Abgeschiedenheit des Waldes können Sie sich regenerieren.
Die Energie des Weißdorns erleichtert diesen Prozeß.

❼ Beginnen Sie neu
Das einzige stabile Fundament für die Zukunft ist eine Vergangenheit, die Sie akzeptiert und integriert haben. Dann sind alte Muster aufgelöst und alte Wunden verheilt. Einerlei, was geschehen ist, Sie können sich dafür bedanken, weil es Sie dorthin gebracht hat, wo Sie jetzt sind. Neue Triebe an einem Baum erinnern daran, daß die Lebenskraft unermüdlich wirkt und einen Neubeginn inspiriert.
Der Ginster verschafft Ihnen die Energie für die Erneuerung.

❷ Jetzt sehen Sie klarer
Sobald Sie entspannt sind, sehen Sie Ihr Problem klarer.
Die Energie der Kiefer erhellt ein Problem und hilft Ihnen, es zu verstehen.

❸ Entwickeln Sie Selbstachtung
Es ist wichtig, daß Sie lernen, sich selbst zu lieben, weil Sie nur in der Tiefe Ihres Herzens bedingungslose Liebe finden. Wie sehr Sie das Leben und andere Menschen lieben können, hängt davon ab, wie sehr Sie sich selbst lieben.
Die Birke, die Sanftheit ohne Schwäche oder Sentimentalität verkörpert, stärkt die Selbstachtung.

❹ Verbessern Sie die Kommunikation
Bevor Sie zu anderen offener sein können, müssen Sie die Kanäle der Kommunikation in sich selbst reinigen. Um diesen Prozeß auszulösen, setzen Sie sich am besten in eine Waldlichtung und konzentrieren sich auf den Kontrast zwischen ihr und dem dichten Wald. Die Übung 12 auf Seite 67 ist dabei hilfreich.
Die Energie der Hundsrose hilft Ihnen, sich zu öffnen.

❺ Selbstvertrauen aufbauen
Dazu gehört, daß Sie mit Ihrer inneren Kraft, auf die Sie sich immer verlassen können, Verbindung aufnehmen. In einem Wald finden Sie viele Symbole der Kraft, einige mehr, andere weniger echt. Lernen Sie, zwischen ihnen zu unterscheiden, damit Sie falsche Töne in ihrem Selbstvertrauen besser feststellen können.
Die Buche verkörpert wahres Selbstvertrauen und innere Stärke.

❻ Befreien Sie sich von der Vergangenheit
Die Wunden, die Sie erlitten haben, müssen Ihnen bewußt werden, damit Sie sich mit ihnen auseinandersetzen und sie heilen können. Manche Orte im Wald haben eine magische Kraft, die uns mit den Tiefen unseres Wesens in Kontakt bringen. Im Vergleich mit dieser Kraft fühlen wir uns klein.
Die Energie des Buchsbaumes hilft Ihnen, vergangene Schicksalsschläge zu bewältigen.

Was Bäume heilen können

Die Übungen in diesem Kapitel und in Kapitel 3 zeigen Ihnen, wie Sie mit den heilenden Energien der Bäume arbeiten können. Aber es ist nicht immer notwendig, einen innigen Kontakt mit einem Baum aufzunehmen. Auch wenn Sie nur des Vergnügens wegen in den Wald gehen, können Sie Heilungen auf allen Ebenen fördern.

Machen Sie einen Waldspaziergang, und genießen Sie jeden Augenblick und jede Einzelheit. Atmen Sie die Atmosphäre ein. Lassen Sie sich an einem bequemen Platz nieder, und freuen Sie sich.

Aus den Gaben des Lebens das Beste zu machen ist ebenso wichtig wie ein tiefer und ehrlicher Blick nach innen.

Körperliche Ebene

Neuer Kontakt mit dem Körper

Wenn Sie Ihren Aufenthalt im Wald völlig bewußt erleben (dabei hilft Ihnen die Übung 10 auf Seite 64), bewegen Sie sich nicht mehr wie ein Automat. Selbst durch eine einfache Handlung wie die Suche nach einer bequemen Haltung beim Sitzen an einem Baum werden Sie sich Ihrer körperlichen Empfindungen und Verspannungen stärker bewußt. Dadurch verbinden Sie sich wieder mit Ihrem Selbst und entdecken, wie Sie in Ihrem Körper leben.

Verspannungen lösen

Ein Spaziergang im Wald wirkt schon für sich allein erfrischend und kann einige der Verspannungen lösen, die den Körper daran hindern, optimal zu arbeiten. Bäume wie die Fichte, deren Qualität das Fließen ist, fördern die Entspannung ebenfalls. Sie haben nicht auf jeden Menschen den gleichen Einfluß; aber wir dürfen damit rechnen, daß sie die Atmung freier machen, die Ausscheidung verbessern, den Schlaf fördern und Streß und Müdigkeit vertreiben.

Dem Körper wieder vertrauen

Wenn Sie sich in Ihrem Körper wohler fühlen und die Atmung sowie die anderen Systeme besser arbeiten, wächst Ihr Vertrauen in Ihre körperlichen Fähigkeiten. Während Sie den Wald erforschen, überschreiten Sie die Grenzen, die Sie normalerweise Ihrer Bewegungsfreiheit setzen: Sie klettern über gefallene Bäume, überwinden Hindernisse und so weiter. Die Grenzen, die wir für unvermeidlich halten, wenn wir älter werden, existieren nur in unserer Vorstellung; wir können Sie durch Kontakt mit der Energie eines Baumes auflösen. Nach einer solchen Erfahrung kehren Sie mit frischen Kräften nach Hause zurück.